中公文庫

教科書名短篇

科学随筆集

中央公論新社 編

中央公論新社

目次

教科書名短篇　科学随筆集

科学者とあたま　他六篇

寺田寅彦

■てらだ・とらひこ　一八七八〜一九三五　物理学者

熊本県生まれ。主な作品『科学と科学者のはなし』『漱石先生』

初採録　科学者とあたま「国語生活 三年下巻」（日本書籍、一九五〇年）

簑虫と蜘蛛「中学の国語 総合一上」（愛育社、一九五四年）

蜂が団子をこしらえる話「国語 中学校用二」（教育図書、一九五七年）

茶碗の湯「国語の教室 巻二」（中教出版、一九五〇年）

藤の実「中学現代国語 三下」（市ヶ谷出版社、一九五〇年）

鳶と油揚「新しい国語 中学一年上」（東京書籍、一九五〇年）

蜻蛉「中学国語 三上」（大修館書店、一九四九年）

底　本　『寺田寅彦全集』第二巻、第四巻、第五巻（岩波書店、一九九七年）

科学者とあたま

私に親しいある老科学者がある日私に次のようなことを語って聞かせた。

「科学者になるには『あたま』がよくなくてはいけない」。これは普通世人の口にする一つの命題である。これはある意味では本当だと思われる。しかし、一方でまた「科学者はあたまが悪くなくてはいけない」という命題も、ある意味ではやはり本当である。そうしてこの後の方の命題は、それを指摘し解説する人が比較的に少数である。

この一見相反する二つの命題は実は一つのものの互いに対立し共存する二つの半面を表現するものである。この見掛け上のパラドックスは、実は「あたま」という言葉の内容に関する定義の曖昧不鮮明から生れることは勿論である。

論理の連鎖のただ一つの環をも取失わないように、また混乱の中に部分と全体との関係を見失わないようにするためには、正確で且つ緻密《ちみつ》な頭脳を要する。紛糾した可能性の岐路に立ったときに、取るべき道を誤らないためには前途を見透す内察と直観の力を有《も》たなければならない。すなわちこの意味ではたしかに科学者は「あたま」がよくなくてはならないのである。

しかしまた、普通にいわゆる常識的に分かり切ったと思われることで、そうして、普通の意味でいわゆるあたまの悪い人にでも容易にわかったと思われるような尋常茶飯事の中に、何かしら不可解な疑点を認めそうしてその闡明《せんめい》に苦吟するということが、単なる科学教育者にはとにかく、科学的研究に従事する者には更に一層重要必須なことである。この点で科学者は、普通の頭の悪い人よりも、もっともっと物分かりの悪い呑込みの悪い田舎者であり朴念仁《ぼくねんじん》でなければならない。

いわゆる頭のいい人は、云わば脚の早い旅人のようなものである。人より先に人のまだ行かない処へ行き着くことも出来る代りに、途中の道傍あるいはちょっとした脇道にある肝心なものを見落す恐れがある。頭の悪い人、脚ののろい人がずっと後からおくれて来て訳もなくその大事な宝物を拾って行く場合がある。

頭のいい人は、云わば富士の裾野まで来て、そこから頂上を眺めただけで、それで富士の全体を呑込んで東京へ引返すという心配がある。富士はやはり登ってみなければば分からない。

頭のいい人は見通しが利くだけに、あらゆる道筋の前途の難関が見渡される。少なくも自分でそういう気がする。そのためにややもすると前進する勇気を沮喪《そそう》しやすい。頭の悪い人は前途に霧がかかっているために却って楽観的である。そうして難関に出遭っても存外どうにかしてそれを切抜けて行く。どうにも抜けられない難関というのは極めて稀だからである。

それで、研学の徒はあまり頭のいい先生にうっかり助言を乞うてはいけない。きっと前途に重畳する難関を一つ一つ虱潰《しらみつぶ》しに枚挙されて、そうして自分のせっかく楽しみにしている企図の絶望を宣告されるからである。委細構わず着手してみると存外指摘された難関は楽に始末が付いて、指摘されなかった意外な難点に出逢うこともある。

頭のよい人は、あまりに多く頭の力を過信する恐れがある。その結果として、自然がわれわれに表示する現象が自分の頭で考えたことと一致しない場合に、「自然の方が間違っている」かのように考える恐れがある。まさかそれほどでなくても、そういったような傾向になる恐れがある。これでは自然科学は自然の科学でなくなる。一方でまた自分の思ったような結果が出たときに、それが実は思ったとは別の原因のために生じた偶然の結果でありはしないかという可能性を吟味するという大事な仕事を忘れる恐れがある。

頭の悪い人は、頭のいい人が考えて、はじめから駄目にきまっているような試みを、一生懸命につづけている。やっと、それが駄目と分かる頃には、しかし大抵何かしら駄目でない他のものの糸口を取り上げている。そうしてそれは、そのはじめから駄目な試みをあえてしなかった人には決して手に触れる機会のないような糸口である場合も少なくない。自然は書卓の前で手を束《つか》ねて空中に画を描いている人からは逃げ出して、自然の真中へ赤裸で飛び込んで来る人にのみその神秘の扉を開いて見せるからである。

頭のいい人には恋が出来ない。恋は盲目である。科学者になるには自然を恋人としなければならない。自然はやはりその恋人にのみ真心を打明けるものである。

科学の歴史はある意味では錯覚と失策の歴史である。偉大なる迂愚者《おろかもの》の頭の悪い能率の悪い仕事の歴史である。

頭のいい人は批評家に適するが行為の人にはなりにくい。すべての行為には危険が伴うからである。怪我を恐れる人は大工にはなれない。失敗を怖がる人は科学者にはなれない。科学もやはり頭の悪い命知らずの死骸の山の上に築かれた殿堂であり、血の河の畔《ほとり》に咲いた花園である。一身の利害に対して頭がよい人は戦士にはなりにくい。

頭のいい人には他人の仕事のあらが眼につきやすい。その結果として自然に他人のする事が愚かに見え、従って自分が誰よりも賢いというような錯覚に陥りやすい。そうなると自然の結果として自分の向上心に弛《ゆる》みが出て、やがてその人の進歩が止ってしまう。頭の悪い人には他人の仕事が大抵みんな立派に見えると同時にまたえらい人の仕事でも自分にも出来そうな気がするので、おのずから自分の向上心を刺戟されるということもあるのである。

頭のいい人で人の仕事のあらは分かるが自分の仕事のあらは見えないという程度の人がある。そういう人は人の仕事をくさしながらも自分で何かしら仕事をして、そうして学界に幾分の貢献をする。しかしもう一層頭がよくて、自分の仕事のあらも見えるという人がある。そういう人になると、どこまで研究しても結末が付かない。それで結局研究の結果を纏《まと》めないで終る。すなわち何もしなかったのと、実証的な見地からは同等になる。そういう人は何でも分かっているが、ただ「人間は過誤の動物である」という事実だけを忘却しているのである。一方ではまた、大小方円の見さかいも付かないほどに頭が悪いおかげで大胆な実験をし、大胆な理論を公にし、その結果として百の間違いの内に一つ二つの真を見付け出して学界に何がしかの貢献をし、また誤って大家の名を博する事さえある。しかし科学の世界ではすべての間違いは泡沫のように消えて真なもののみが生き残る。それで何もしない人よりは何かした人の方が科学に貢献する訳である。

頭のいい学者はまた、何か思い付いた仕事があった場合にでも、その仕事が結果の価値という点から見るとせっかく骨を折っても結局大した重要なものになりそうもないという見込をつけて着手しないで終る場合が多い。しかし頭の悪い学者はそんな見込が立たないために、人からは極めてつまらないと思われる事でも何でも、我武者《がむしゃ》らに仕事に取付いて脇目もふらずに進行して行く。そうしているうちに、初めには予期しなかったような重大な結果に打《ぶ》つかる機会も決して少なくはない。この場合にも頭のいい人は人間の頭の力を買い被って天然の無際涯《むさいがい》な奥行を忘却するのである。科学的研究の結果の価値はそれが現われるまでは大抵誰にも分からない。また、結果が出た時には誰も認めなかった価値が十年百年の後に初めて認められることも珍しくはない。

頭がよくて、そうして、自分を頭がいいと思い利口だと思う人は先生にはなれても科学者にはなれない。人間の頭の力の限界を自覚して大自然の前に愚かな赤裸の自分を投げ出し、そうしてただ大自然の直接の教えにのみ傾聴する覚悟があって、初めて科学者にはなれるのである。しかしそれだけでは科学者にはなれない事も勿論である。やはり観察と分析と推理の正確周到を必要とするのは云うまでもないことである。

つまり、頭が悪いと同時に頭がよくなくてはならないのである。

この事実に対する認識の不足が、科学の正常なる進歩を阻害する場合がしばしばある。これは科学にたずさわるほどの人々の慎重な省察を要することと思われる。

最後にもう一つ、頭のいい、ことに年少気鋭の科学者が、科学者としては立派な科学者でも、時として陥る一つの錯覚がある。それは、科学が人間の智恵のすべてであるかのように考えることである。科学は孔子のいわゆる「格物《かくぶつ》」の学であって「致《ち》知《ち》」の一部に過ぎない。しかるに、現在の科学の国土はいまだウパニシャドや老子やソクラテスの世界との通路を一筋でももっていない。芭蕉や広重の世界にも手を出す手がかりをもっていない。そういう別の世界の存在はしかし人間の事実である。理窟ではない。そういう事実を無視して、科学ばかりが学のように思い誤り思いあがるのは、その人が科学者であるには妨げないとしても、認識の人であるためには少なからざる障害となるであろう。これも分かり切ったことのようであってしばしば忘れられがちなことであり、そうして忘れてならないことの一つであろうと思われる。

この老科学者の世迷言《よまいごと》を読んで不快に感ずる人は、きっと羨《うらや》むべき優れた頭のいい学者であろう。またこれを読んで会心の笑みをもらす人は、またきっと羨むべく頭の悪い立派な科学者であろう。これを読んで何事をも考えない人は、おそらく科学の世界に縁のない科学教育者か科学商人の類であろうと思われる。

（『鉄塔』一九三三年十月）

蓑虫と蜘蛛

　二階の縁側の硝子戸《ガラスど》のすぐ前に大きな楓《かえで》が空いっぱいに枝を拡げている。その枝に沢山な蓑虫《みのむし》がぶら下がっている。

　去年の夏中はこの虫が盛んに活動していた。いつも午頃《ひる》になると這《は》い出して、小枝の先の青葉をたぐり寄せては喰っていた。身体のわりに旺盛な彼等の食慾は、多数の小枝を坊主にしてしまうまでは満足されなかった。紅葉が美しくなる頃には、もう活動はしなかったようである。とにかく私は日々に変って行く葉の色彩に注意を奪われて、しばらく蓑虫の存在などは忘れていた。

　しかし紅葉が干からび縮れてやがて散ってしまうと、裸になった梢《こずえ》にぶら下がっている多数の蓑虫が急に眼立って来た。大きいのや小さいのや、長い小枝を杖のようにさげたのや、枯葉を一枚肩に羽織ったのや、いろいろさまざまの恰好をしたのが、明るい空に対して黒く浮き出して見えた。それがその日その日の風に吹かれてゆらいでいた。

かよわい糸で吊されているように見えるが、いかなる木枯しにも決して吹き落されないほど、しっかり取り付いているのであった。縁側から箒の先などではね落そうとしたが、そんな事ではなかなか落ちそうもなかった。

自分は冬中この死んでいるか生きているかも分らない虫の外殻の鈴成りになっているのを眺めて暮して来た。そして自分自身の生活がなんだかこの虫のによく似ているような気のする時もあった。

春がやって来た。今まで灰色や土色をしていたあらゆる落葉樹の梢にはいつとなしにぽうっと赤味がさして来た。鼻のさきの例の楓の小枝の尖端も一つ一つ膨らみを帯びて来て、それがちょうどガーネットのような光沢をして輝き始めた。私はそれがやがて若葉になる時の事を考えているうちに、それまでにこの簑虫を駆除しておく必要を感じて来た。

たぶんだめだろうとは思ったが、試みに物干竿の長いのを持って来て、たたき落し、はね落そうとした。しかしやっぱり無効であった。はねる度にあの紡錘形の袋はプロペラーのように空中に輪をかいて廻転するだけであった。悪くすると小枝を折り若芽を傷つけるばかりである。今度は小さな鋏《はさみ》を出して来て竿の先に縛りつけた。それは数年前に流行した十幾通りの使い方のあるという西洋鋏である。自分は今その十幾種の外のもう一つの使い方をしようというのであった。鋏の発明者も、よもやこれが蓑虫を取るために使われようとは思わなかったろう。鋏の先を半ば開いた形で、竿の先に縛り付けた。円滑な竹の肌と、ニッケル鍍金《めっき》の鋏の柄とを縛り合せるのはあまり容易ではなかった。

ぶらぶらする竿の先を、狙いを定めて虫の方へ持って行った。そして開いた鋏の刃の間に虫の袋の口に近いところを喰い込ませておいてそっと下から突き上げると案外にうまくちぎれるのであった。それでもかなりに強い抵抗のために細長い竿は弓状に曲がる事もあった。幸いに枝を傷つけないで袋だけをむしり取る事が出来たのである。あるものは枝を離れると同時に鋏を離れて落ちて来た。しかしまたあるものは鋏の間に固く喰い込んでしまった。始めから面白がって見ていた子供等は、落ちて来るのを拾い、鋏に挿まったのを外《はず》したりした。二人の子が順番でかわるがわる取るのであったが、年上の方は虫に手を付けるのを嫌がって小さなショベルですくってはジャムの空缶へほうり込んでいた。小さい妹の方はかえって平気で指でつまんで筆入れの箱の上に並べていた。

庭の楓のはあらかた取り尽して、他の樹のもあさって歩いた。結局数えてみたら、大小取り交ぜて四十九個あった。ジャムの空缶一つと筆入れはちょうどいっぱいになった。それを一遍《いっぺん》庭の芝生の上にぶちまけて並べてみた。

一つ一つの虫の外殻にはやはりそれぞれの個性があった。わりに大きく長い枯枝の片を並べたのが大多数であるが、中にはほとんど目立つほどの枝片は附けないで、渋紙のような肌をしているのもあった。えにしだの豆の莢《さや》をうまくつなぎ合せているのもあって、これがのそのそ這って歩いていた時の滑稽な様子が自ずから想像された。

なかんずく大きなのを選んで袋を切り開き、虫がどうなっているかを見たいと思った。竿の先の鋏を外して袋の両端から少しずつ虫を傷つけないように注意しながら切って行った。袋の繊維はなかなか強靱《きょうじん》であるので鈍い鋏の刃はしばしば切り損じて上滑りをした。やっと取り出した虫はかなり大きなものであった、紫黒色の肌がはち切れそうに肥っていて、大きな貪慾そうな口嘴《くちばし》は褐色に光っていた。袋の暗闇から急に強烈な春の日光に照らされて虫のからだにどんな変化が起っているか、それは人間には想像も付かないが、なんだか酔ってでもいるように、あるいはまだ永い眠りがさめ切らないように懶気《ものうげ》に八対の足を動かしていた。芝生の上に置いてもとの古巣の空き殻を頭のところにおっつけてやっても、もはやそれを忘れてしまったのか、這い込むだけの力がないのか、もうそれきり身体を動かさないでじっとしていた。もう一つのを開いてみると、それは身体の下半が干すばって舎利《しゃり》になっていた。蚕《かいこ》にあるような病菌がやはりこの虫の世界にも入り込んで自然の制裁を行っているのかと想像された。しかし蓑虫の恐ろしい敵はまだ外にあった。

沢山の袋を外からつまんで見ているうちに、中空で虫の御留守になっているのがかなり多くのパーセントを占めているのに気が付いた。よく見ていると、そのようなのに限って袋の横腹に直径一ミリかそこらの小さい孔《あな》がある事を発見した。変だと思って鋏でその一つを切り破って行くうちに、袋の中から思いがけなく小さい蜘蛛《くも》が一疋《ぴき》飛び出して来て慌ただしくどこかへ逃げ去った。ちらりと見ただけであるがそれは薄い紫色をした可愛らしい小蜘蛛であった。

この意外な空巣の占有者を見た時に、私の頭に一つの恐ろしい考えが電光のように閃《ひらめ》いた。それで急いで袋を縦に切り開いてみると、果して袋の底に滓《かす》のようになった蓑虫の遺骸の片々が残っていた。あの肥大な虫の汁気という汁気はことごとく吸い尽され嘗《な》め尽されて、ただ一つまみの灰殻のようなものしか残っていなかった。ただあの堅い褐色の口嘴だけはそのままの形を留めていた。それはなんだか兜《かぶと》の鉢のような恰好にも見られた。灰色の壙穴《こうけつ》の底に朽ち残った戦衣の屑といったような気もした。

この恐ろしい敵は、蓑虫の難攻不落と頼む外郭の壁上を忍び足で這い歩くに相違ない。そしてわずかな弱点を捜しあてて、そこに鋭い毒牙を働かせ始める。壁がやがて破れたと思うと、もう蓑虫の脇腹に一滴の毒液が注射されるのであろう。

人間ならば来年の夏の青葉の夢でも見ながら、安楽な眠りに包まれている最中に、突然脇腹を喰い破る狼の牙を感じるようなものである。これを払いのけるためには蓑虫の足は全く無能である。唯一の武器とする吻《くちさき》を使おうとするとあまりに窮屈な自分の家は身体を曲げる事を許さない。最後の苦悩に藻掻《もが》くだけの余裕さえもない。生物の間に行われる殺戮の中でも、これはおそらく最も残酷なものの一つに相違ない。全く無抵抗な状態において、そして苦痛を表現する事すら許されないで一分《いちぶ》だめしに殺されるのである。

虫の肥大な身体はその十分の一にも足りない小さな蜘蛛の腹の中に消えてしまっている。残ったものはわずかな外皮の屑と、そして依然として小さい蜘蛛一疋の「生命」である。差引きした残りの「物質」はどうなったか分らない。

蓑虫が繁殖しようとするところには自ずからこの蜘蛛が繁殖して、そこに自然の調節が行われているのであった。私が蓑虫を駆除しなければ、今に楓の葉は喰い尽されるだろうと思ったのは、あまりに浅墓《あさはか》な人間の自負心であった。むしろただそのままにもう少し放置して自然の機巧を傍観した方がよかったように思われて来たのである。蓑虫にはどうする事も出来ないこの蜘蛛にも、また相当の敵があるに相違ない。『昆虫の生活』という書物を読んだ時に、地蜂のあるものが蜘蛛を攻撃して、その毒針を正確に蜘蛛の胸の一局部に刺し通してこれを麻痺させるという記事があった。麻痺した蜘蛛の脇腹に蜂は一つの卵を生みつけて行く。卵から出た幼虫は親の据膳をしておいてくれた佳肴《かこう》を貪り食うて生長する、充分飽食して眠っている間に幼虫の単純な身体に複雑な変化が起って、今度眠りを覚すともう一人前の蜂になっているというのである。

ある蜘蛛が、ある蛾の幼虫であるところの蓑虫の胸に喰いついている一方では、蓑虫のような形をしたある蜂の幼虫が、他の蜘蛛の腹をしゃぶっている。このような闘争殺戮の世界が、美しい花園や庭の木立の間に行われているのである。人間が国際連盟の夢を見ている間に。

ある学者の説によると、動物界が進化の途中で二派に分れ、一方は外皮に硬いキチン質を具えた昆虫になり、その最も進歩したものが蜂や蟻である。また他の分派は中心に硬い背骨が出来て、そのいちばん発展したのが人間だという事である。私にはこの説がどれだけ本当だか分らない。しかしいずれにしても昆虫の世界に行われると同じような闘争の魂があらゆる有脊椎動物を伝わって来て、最後の人間に到ってどんな工合に進化して来たかをつくづく考えてみると、つまりはわれわれの先祖が簑虫や蜘蛛の先祖と同じであってもいいような気がして来る。

四十九個の紡錘体の始末に困ったが、結局花畑の隅の土を深く掘ってその奥に埋めてしまった。その中の幾パーセントには、きっと蜘蛛がはいっていたに相違ない。こうして私の庭での簑虫と蜘蛛の歴史は一段落に達した訳である。

しかしこれだけではこの歴史はすみそうに思われない。私は少なからざる興味と期待をもって今年の夏を待ち受けている。

（『電気と文芸』一九二一年五月）

蜂が団子をこしらえる話

私の宅の庭の植物は毎年色々な害虫のためにむごたらしく虐待される。せっかく美しく出揃った若葉はいつの間にかわるい昆虫のために食い荒らされる。なかんずくいちばんひどくやられるのは薔薇《ばら》である。羽根が黒くて腰の黄色い小さな蜂が、柔らかい若芽の茎の中に卵を産みつけると、やがて茎の横腹が竪にはじけ破れて幼虫が生れ出る。これが若葉の縁に鈴成りに黒い頭を並べて、驚くべき食欲をもって瞬く間にあらゆる葉を食い尽さないではおかない。去年はこの翡翠《ひすい》の色をした薔薇の虫と同種と思われるものが躑躅《つつじ》にまでも蔓延した。もっともつつじのは色が少し黒ずんでいて、つつじの葉によく似た色をしているのが不思議であった。

何とかしてこの害虫を絶滅する方法はないものだろうかと思うだけで、専門家に聞いてみるでもなく、書物を調べるでもなく、ついそのままにしておくのである。いつか三越の六階で薔薇を見ていたら、それにもちゃんとこの虫がついたままに正札をつけてあるのを発見して驚いた事がある。専門家でもこれを完全に駆除するのは困難だとすると、自分等の手に畢《お》えぬのは当然かと思われた。とにかく去年などは幾株かのばらとつつじを綺麗に坊主にしてしまわれた。枯れるかと思ったら存外枯れもしないで、今年の春の日光を受けるとまた正直に若芽を吹き出して来た。今にまた例の青虫が出るだろうと思って折々気をつけて見るが、今年はどうしたのか、まだあまり多くは発生しない。その代り今年はこれと変った毛虫が非常に沢山に現われて来た。それは黒い背筋の上に薄いレモン色の房々とした毛束を四つも着け、その両脇に走る美しい橙紅《とうこう》色の線が頭の端では燃えるような朱の色をして、そこから真黒な長い毛が突き出している。これが薔薇のみならず、萩にもどうだんにも芙蓉《ふよう》にも夥《おびただ》しくついている。これは青虫ほど旺盛な食慾をもっていないらしいが、その代り云わば少し贅沢な嗜好をもっていて、ばらの莟《つぼみ》を選んで片はしから食って行くのである。去年はよく咲いたクリーム色のばらも今年はこのためにひどく荒らされてしまった。子供の時分に田舎の宅で垣根いっぱいに薔薇が植わっていたが、ついぞこんなに虫害を受けた事を記憶しない。都会の空気が濁っているために植物も人間と同じようにただささえ弱くなっているその上にこう色々な虫にいじめられては、いまにこうした植物は絶滅するのではないかと思う事もある。

こんな虫がだんだんに数を増して、それが皆人間などと平等な生存の権利を主張するようになったらどうだろう。そうなれば虫のためには人間の方が害虫であるに相違ない。薔薇の花でも何でも虫のためには必要なる栄養物質であるのを、人間が無用な娯楽のために独占しようとして虫をひねり潰すのは、虫から見ればかなり暴虐な事かもしれない。

ある日の昼食のあとで庭へ出て、いちばん毛虫の多くついた薔薇を見に行った。そして見当り次第に箸でつまんで処分していた。人間の立場からどうもこうしなければ仕方がないのである。

真円《まんまる》く拡がった薔薇の枝の冠の上に土色をした蜥蜴《とかげ》が一疋《ぴき》横たわっていた。じっとしていわゆる甲良《こうら》を干しているという様子であった。しかしおそらくそんな生温かい享楽のためではなくて、これもまたもっとせっぱつまった生存の権利を主張するために何かを期待して狙っていたに相違ない。時々のその這《は》い出しては、またじっとして意地のわるそうな眼を光らせている。事によるとこれは青虫でも捜しているのではないかと思われた、もしそうだとすると有難い訳だと思った。

たちまち眼の前に一つの争闘の活劇が起った。同じ薔薇の上に何物かを物色していた濃褐色の蜂が、突然ほとんど何の理由とも分らず、またなんらの予備行為もなく、いきなりこの蜥蜴の背に飛びかかった。そして右の後脚の附根と思う辺を刺したように見えた。

しかし蜥蜴はほとんど何事も起らなかったかのように、じっとしたまま、身じろき一つしなかった。そして数秒の後にまたのそのそと這い出して一寸くらいも歩いたかと思うと立止って小さな眼を光らせていた。

どういう訳で蜂がこのような攻撃をしたか、私には少しも見当が付かなかった。人間ならば商売敵という言葉で容易に説明さるべき行為の動機が、この場合に適用するかどうか、それは全く分らない。とにかくこの活劇は私に色々な事を連想させたが、しかし自然の事実からは人間の都合のいいモラルは必然には出て来なかった。

同じ薔薇の反対の側へ廻ってみると、そこにも一疋の蜂が居た。そして何かしらある仕事をしているのであった。

それは、さっき蜥蜴を攻撃したと同じ蜂かどうか分らないが、とにかく同じ種類のものであった。広い葉の上に止って前脚で小さな毛虫らしいものをしっかりつかまえて、それをあの鋭い鋏のような口嘴《くちばし》でしきりに噛みこなしていた。私が見付けた時にはそれがもうほとんど毛虫だか何だか分らないような団塊《かたまり》になっていたが、ただその囲りから突き出た毛束によってそう考えられたのである。断えず嚙みながら脚で器用に団塊を廻して行くので、始めには多少いびつであったのが、ほとんど完全な球形になってしまって、もうどこにも毛などの痕跡は見えなくなってしまった。廻す拍子に一度危なく取落そうとしてやっと取り止めた様子は滑稽であった。蜂はやがてこの団子をくわえて飛び出そうとしたが、どうしたのかもう一遍他の枝に下りた。人間ならばざっと荷物をこしらえて試みにちょっとさげてみたというような体裁であった。そしてまたしばらく嚙んで丸める動作を繰り返していた。からだ全体で拍子をとるようにして小枝をゆさぶりながらせっせと働いているところは見るも勇ましい健気《けなげ》なものであった。渋色をした小さな身体が精悍《せいかん》の気ではち切れそうに見えた。二、三分もすると急に飛び上がって一文字に投げるように隣家の屋根をすれすれに越して見えなくなってしまった。

私は毛虫にこういう強敵のある事は全く知らなかったので、この目前の出来事からかなり強い印象を受けた。そして今更のように自然界に行われている「調節」の複雑で巧妙な事を考えさせられた。そして気紛れに箸の先で毛虫をとったりしている自分の愚かさに気が付いた。そしてわれわれがわずかばかりな文明に自負し、万象を征服したような心持になって、天然ばかりか同胞とその魂の上にも自分勝手な箸を持って行くような事をあえてする、それが一段高いところで見ている神様の目にはずいぶん愚かな事に見えはしまいか。ついこんな事も考えた。

それから二、三日経って後に、同じ薔薇で同じような蜂が大きな毛虫を捕えるところを見る事が出来た。いきなり頭の方へ嚙み付くと皮が破れて緑色の汁が玉のように吹き出した。それを引きずり引きずり高い葉へ高い葉へと登って行った。その間にも嚙みこなす事は休まず続けているので、毛虫の形はだんだんに消えて緑がかった黒色の塊に変りつつあった。そのうちに蜂は一度羽根を拡げて強く振動させた、おそらく飛び上がろうとしたのであろうが、虫の重量はこの蜂の飛揚力以上であったと見えて少しも動かなかった。どうするかと思っていると、このやや長味のある団塊をうまく二つに食い切って、その片方を丁寧に丸めた後に、それを銜《くわ》えて前日と同じ方向へ飛んで行った。

立ち際にその尾部から一、二滴の透明な液体を分泌するのがよく見えた。おそらく嚙みながら吸い取った毛虫の汁で腹が膨れた結果かもしれない。

残りの半分を今に取りに来るのではあるまいかと思ったので、ものの十分ほども待っていたその間に全く別の方向から同じような蜂が飛んで来て薔薇の上をしばらくあさっていたが、さっきの団子の残りの半分のつい近くまで行っても気付かないで、そのうちどこかへ飛んで行ってしまった。

二時間もたって見に行った時には、毛虫の半分の団塊はもうなくなっていた。それは何者が持ち去ったかよくは分らない。しかし多くの蜂について従来知られている事実から推してこの残りの半分も、それの正当な権利者の巣に搬《はこ》ばれたものと思ってもいいだろう。実際は他の巣の住民に横領されたかもそれは分らない。

私はこの蜂の巣を見付けたい、そしてこの珍奇な虫の団子がそこでいかに処理されるかを知りたいものだと思っている。

虫の行為はやはり虫の行為であって、人間とは関係はない事である。人として虫に劣るべけんやというような結論は今日では全く無意味な事である。それにもかかわらず虫のする事を見ていると実に面白い。そして感心するだけで決して腹が立たない。私にはそれだけで充分である。私は人間のする事を見ては腹ばかり立てている多くの人達に、わずかな暇を割いて虫の世界を見物する事をすすめたいと思う。

（『解放』一九二一年七月）

茶碗の湯

ここに茶碗が一つあります。中には熱い湯が一ぱい這入《はい》っております。ただそれだけでは何の面白味もなく不思議もないようですが、よく気をつけて見ていると、だんだんに色々の微細なことが目につき、さまざまの疑問が起って来るはずです。ただ一ぱいのこの湯でも、自然の現象を観察し研究することの好きな人には、なかなか面白い見物《みもの》です。

第一に、湯の面からは白い湯気が立っています。これはいうまでもなく、熱い水蒸気が冷えて、小さな滴《しずく》になったのが無数に群がっているので、ちょうど雲や霧と同じようなものです。この茶碗を、縁側の日向《ひなた》へ持ち出して、日光を湯気にあて、向う側に黒い布でもおいてすかして見ると、滴の、粒の大きいのはちらちらと目に見えます。場合により、粒があまり大きくないときには、日光にすかして見ると、湯気の中に、虹《にじ》のような、赤や青の色がついています。これは白い薄雲が月にかかったときに見えるのと似たようなものです。この色についてはお話することがどっさりありますが、それはまたいつか別のときにしましょう。

すべて全く透明なガス体の蒸気が滴になる際には、必ず何かその滴の心《しん》になるものがあって、そのまわりに蒸気が凝《こご》って喰っ附くので、もしそういう心がなかったら、霧は容易に出来ないということが学者の研究で分って来ました。その心になるものは通例、顕微鏡でも見えないほどの、非常に細かい塵のようなものです、空気中にはそれが自然に沢山浮游《ふゆう》しているのです。空中に浮んでいた雲が消えてしまった跡には、今言った塵のようなものばかりが残っていて、飛行機などで横からすかして見ると、ちょうど煙が拡がっているように見えるそうです。

茶碗から上がる湯気をよく見ると、湯が熱いかぬるいかが、おおよそ分ります。締め切った室で、人の動き廻らないときだとことによく分ります。熱い湯ですと湯気の温度が高くて、周囲の空気に比べて余計に軽いために、どんどん盛んに立ち昇ります。反対に湯がぬるいと勢いが弱いわけです。湯の温度を計る寒暖計があるなら、いろいろ自分でためしてみると面白いでしょう。もちろんこれは、まわりの空気の温度によっても違いますが、おおよその見当は分るだろうと思います。

次に湯気が上がるときにはいろいろの渦が出来ます。これがまたよく見ているとなかなか面白いものです。線香の煙でも何でも、煙の出るところからいくらかの高さまでは真直ぐに上りますが、それ以上は煙がゆらゆらして、いくつもの渦になり、それがだんだんに拡がり入り乱れて、しまいに見えなくなってしまいます。茶碗の湯気などの場合だと、もう茶碗のすぐ上から大きな渦が出来て、それがかなり早く廻りながら上って行きます。

これとよく似た渦で、もっと大きなのが庭の上なぞに出来ることがあります。春先などのぽかぽか暖かい日には、前日雨でもふって土のしめっているところへ日光が当って、そこから白い湯気が立つことがよくあります。そういうときによく気をつけて見ていて御覧なさい。湯気は、縁の下や垣根の隙間から冷たい風が吹き込むたびに、横に靡《なび》いてはまた立ち上ります。そして時々大きな渦が出来、それがちょうど竜巻《たつまき》のようなものになって、地面から何尺もある、高い柱の形になり、非常な速さで廻転するのを見ることがあるでしょう。

茶碗の上や、庭先で起る渦のようなもので、もっと大仕掛けなものがあります。それは雷雨のときに空中に起っている大きな渦です。陸地の上のどこかの一地方が日光のために特別に温《あたた》められると、そこだけは地面から蒸発する水蒸気が特に多くなります。そういう地方の傍《そば》に、割合に冷たい空気に蔽《おお》われた地方がありますと、前に言った地方の、暖かい空気が上がって行くあとへ、入り代りにまわりの冷たい空気が下から吹き込んで来て、大きな渦が出来ます。そして雹《ひょう》がふったり雷が鳴ったりします。

これは茶碗の場合に比べると仕かけがずっと大きくて、渦の高さも一里とか二里とかいうのですから、そういういろいろな変ったことが起るのですが、しかしまた見方によっては、茶碗の湯とこうした雷雨とはよほどよく似たものと思っても差支えありません。もっとも雷雨の出来方は、今言ったような場合ばかりでなく、だいぶ模様のちがったのもありますから、どれもこれもみんな茶碗の湯に比べるのは無理ですが、ただちょっと見ただけではまるで関係のないような事柄が、原理の上からはお互いによく似たものに見えるという一つの例に、雷をあげてみたのです。

湯気のお話はこのくらいにして、今度は湯の方を見ることにしましょう。

白い茶碗に這入っている湯は、日蔭で見ては別に変った模様も何もありませんが、それを日向へ持ち出して直接に日光を当て、茶碗の底をよく見て御覧なさい。そこには妙なゆらゆらした光った線や薄暗い線が不規則な模様のようになって、それがゆるやかに動いているのに気がつくでしょう。これは夜電燈の光をあてて見ると、もっとよく鮮やかに見えます。夕食のお膳の上でもやれますからよく見て御覧なさい。それもお湯がなるべく熱いほど模様がはっきりします。

次に、茶碗のお湯がだんだんに冷えるのは、湯の表面の茶碗の周囲から熱が遁《に》げるためだと思っていいのです。もし表面にちゃんと蓋《ふた》でもしておけば、冷やされるのはおもに周りの茶碗にふれた部分だけになります。そうなると、茶碗に接したところでは湯は冷えて重くなり、下の方へ流れて底の方へ向って動きます。その反対に、茶碗の真中の方では逆に上の方へ昇って、表面からは外側に向って流れる、だいたいそういう風な循環が起ります。よく理科の書物なぞにある、ビーカーの底をアルコール・ランプで熱したときの水の流れと同じようなものになるわけです。これは湯の中に浮んでいる、小さな糸屑などの動くのを見ていても、いくらか分るはずです。

しかし茶碗の湯を蓋もしないでおいた場合には、湯は表面からも冷えます。そしてその冷え方がどこも同じではないので、ところどころ特別に冷たいむらが出来ます。そういう部分からは、冷えた水が下へ降りる、そのまわりの割合に熱い表面の水がそのあとへ向って流れる、それが降りた水のあとへ届く時分には冷えてそこから下りる。こんな風にして湯の表面には水の降りているところと昇っているところとが方々に出来ます。従って湯の中までも、熱いところと割合にぬるいところとがいろいろに入り乱れて出来て来ます。これに日光を当てると熱いところと冷たいところとの境で光が曲るために、その光が一様にならず、むらになって茶碗の底を照らします。そのためにさきに言ったような模様が見えるのです。

日の当った壁や屋根をすかして見ると、ちらちらしたものが見えることがあります。あの「かげろう」というものも、この茶碗の底の模様と同じようなものです。「かげろう」が立つのは、壁や屋根が熱せられると、それに接した空気が熱くなって膨脹して昇る、そのときに出来る気流のむらが光を折り曲げるためなのです。

このような水や空気のむらを非常に鮮明に見えるように工夫することが出来ます。その方法を使って、鉄砲の弾が空中を飛んでいるときに、前面の空気を押しつけている有様や、弾の後に渦巻を起して進んでいる様子を写真に撮《と》ることも出来るし、また飛行機のプロペラーが空気を切っている模様を調べたり、そのほか色々の面白い研究をすることが出来ます。

近頃はまたそういう方法で、望遠鏡を使って空中の高いところの空気のむらを調べようとしている学者もいたようです。

次には熱い茶碗の湯の表面を日光にすかして見ると、湯の面に虹の色のついた霧のようなものが一皮かぶさっており、それがちょうど亀裂のように縦横に破れて、そこだけが透明に見えます。この不思議な模様が何であるかということは、私の調べたところではまだあまりよく分っていないらしい。しかしそれも前の温度のむらと何か関係のあることだけは確かでしょう。

湯が冷えるときに出来る熱い冷たいむらがどうなるかということは、ただ茶碗のときだけの問題ではなく、例えば湖水や海の水が冬になって表面から冷えて行くときにはどんな流れが起るかというようなことにも関係して来ます。そうなるといろいろの実用上の問題と縁がつながって来ます。

地面の空気が日光のために温められて出来るときのむらは、飛行家にとっては非常に危険なものです。いわゆる突風なるものがそれです。例えば森と畑地との境のようなところですと、畑の方が森よりも日光のために余計に温められるので、畑では空気が上り森では降《くだ》っています。それで畑の上から飛んで来て森の上へかかると、飛行機は自然と下の方へ押し下ろされる傾きがあります。これがあまりに烈しくなると危険になるのです。これと同じような気流の循環が、もっと大仕掛けに陸地と海との間に行われております。それはいわゆる海陸風と呼ばれているもので、昼間は海から陸へ、夜は反対に陸から海へ吹きます。少し高いところでは反対の風が吹いています。

これと同じようなことが、山の頂きと谷との間にあって山谷風《さんこくふう》と名づけられています。これがもういっそう大仕掛けになって、例えばアジア大陸と太平洋との間に起るとそれがいわゆる季節風《モンスーン》で、われわれが冬期に受ける北西の風と、夏期の南がかった風になるのです。

茶碗の湯のお話は、すればまだいくらでもありますが、今度はこれくらいにしておきましょう。

（『赤い鳥』一九二二年五月）

藤の実

昭和七年十二月十三日の夕方帰宅して、居間の机の前へ坐ると同時に、ぴしりという音がして何か座右の障子にぶつかったものがある。子供が悪戯《いたずら》に小石でも投げたかと思ったが、そうではなくて、それは庭の藤棚の藤豆がはねてその実の一つが飛んで来たのであった。宅のものの話によると、今日の午後一時過ぎから四時過ぎ頃までの間に頻繁にはじけ、それが庭の藤も台所の前のも両方申合わせたように盛んにはじけたということであった。台所の方のは、一間《けん》くらいを距《へだ》てた障子の硝子《ガラス》に衝突する音がなかなか烈《はげ》しくて、今にも硝子が破れるかと思ったそうである。自分の帰宅早々経験したものは、その日の爆発の最後のものであったらしい。

この日に限って、こうまで眼立って沢山に一せいにはじけたというのは、数日来の晴天でいいかげん乾燥していたのが、この日さらに特別な好晴で湿度の低下したために、多数の実がほぼ一様な極限の乾燥度に達したためであろうと思われた。

それにしても、これほど猛烈な勢いで豆を飛ばせるというのは驚くべきことである。書斎の軒の藤棚から居室の障子までは最短距離にしても五間はある。それで、地上三メートルの高さから水平に発射されたとして十メートルの距離において地上一メートルの点で障子に衝突したとすれば、空気の抵抗を除外しても、少なくも毎秒十メートル以上の初速をもって発射されたとしなければ勘定が合わない。あの一見枯死しているような豆の鞘《さや》の中に、それほどの大きな原動力が潜んでいようとはちょっと予想しないことであった。この一夕の偶然の観察が動機となってだんだんこの藤豆のはじける機巧を研究してみると、実に驚くべき事実が続々と発見されるのである。しかしこれらの事実については他日適当な機会に適当な場所で報告したいと思う。

それはとにかく、このように植物界の現象にもやはり一種の「潮時」とでも云ったようなもののあることはこれまでにも度々気付いたことであった。例えば、春季に庭前の椿の花の落ちるのでも、ある夜のうちに風もないのに沢山一時に落ちることもあれば、また、風があってもちっとも落ちない晩もある。この現象が統計的型式から見て、いわゆる地震群の生起とよく似たものであることは、既に他の場所で報告したことがあった。

もう一つよく似た現象としては、銀杏《いちょう》の葉の落ち方が注意される。自分の関係しているある研究所の居室の窓外にこの樹の大木の梢が見えるが、これが一様に黄葉して、それに晴天の強い日光が降り注ぐと、室内までが黄金色に輝き渡るくらいである。秋が深くなると、その黄葉がいつの間にか落ちて梢が次第に淋しくなって行くのであるが、しかしその「散り方」がどうであるかについては去年の秋まで別に注意もしないでいた。ところが去年のある日の午後何の気なしにこの樹の梢を眺めていたとき、ほとんど突然にあたかも一度に切って散らしたように沢山の葉が落ち始めた。驚いて見ていると、それから十余間を距てた小さな銀杏も同様に落葉を始めた、まるで申合わせたように濃密な黄金色の雪を降らせるのであった。不思議なことには、ほとんど風というほどの風もない、というのは落ちる葉の流れがほとんど垂直に近く落下して樹枝の間を潜り潜り脚下に落ちかかっていることで明白であった。何だか少し物凄いような気持がした。何かしら眼に見えぬ怪物が樹々を揺さぶりでもしているか、あるいはどこかでスウィッチを切って電磁石から鉄製の黄葉を一斉に落下させたとでもいったような感じがするのであった。ところがまた、今年の十一月二十六日の午後、京都大学のN博士と連立って上野の清水堂《きよみずどう》の近くを歩いていたら、堂の脇にあるあの大木の銀杏が、突然に一斉の落葉を始めて、約一分くらいの間、沢山の葉をふり落した後に再び静穏に復した。その時もほとんど風らしい風はなくて落葉は少しばかり横に靡《なび》くくらいであった。N博士も始めてこの現象を見たと云って、面白がりまた喜びもしたことであった。

この現象の生物学的機巧についてはわれわれ物理学の学徒には想像もつかない。しかし葉という物質が枝という物質から脱落する際にはともかくも一種の物理学的の現象が発現している事も確実である。このことはわれわれに色々な問題を暗示し、また色々の実験的研究を示唆する。もしも植物学者と物理学者と共同して研究することが出来たら案外面白いことにならないとも限らないと思うのである。

これとはまた全く縁もゆかりもない話ではあるが、先日宅の子供が階段から落ちて怪我をした。それで、近所の医師のM博士に来てもらったら、ちょうど同じ日にM氏の子供が学校の帰りに道路で転んで鼻頭をすりむきおまけに鼻血を出したという事であった。それから二、三日たってから、宅の他の子供がデパートでハンドバッグを掏《す》摸《り》にすられた。そうして電車停留場の安全地帯に立っていたら、通りかかったトラックの荷物を引掛けられて上衣に鍵裂《かぎざき》をこしらえた。その同じ日に宅の女中が電車の中へ大事の包を置き忘れて来たのである。これらは現在の科学の立場から見ればまるで問題にもなにもならないことで、全く偶然といってしまうより外はないことである。

しかし、これが偶然であると云えば、銀杏の落葉もやはり偶然であり、藤豆のはじけるのも偶然であるのかもしれない。またこれらが偶然でないとすれば、前記の人事も全くの偶然ではないかもしれないと思われる。少なくも、宅に取込事のある場合に家内の人々の精神状態が平常といくらかちがうことは可能であろう。年末から新年へかけて新聞紙でよく名士の訃音《ふいん》が頻繁に報ぜられることがある。インフルエンザの流行している時だと、それが簡単に説明されるような気のすることもある。しかしそう簡単に説明されない場合もある。

四、五月頃全国の各所でほとんど同時に山火事が突発する事がある。一日のうちに九州から奥羽へかけて十数箇所に山火事の起る事は決して珍しくない。こういう場合は、たいてい顕著な不連続線が日本海から太平洋へ向って進行の途中に本州島弧を通過する場合であることは、統計的研究の結果から明らかになったことである。「日が悪い」という漠然とした「説明」が、この場合には立派に科学的の言葉で置換えられるのである。

人間が怪我をしたり、遺失物をしたり、病気が亢進したり、あるいは飛行機が墜ちたり汽車が衝突したりする「悪日」や「さんりんぼう」も、現在の科学から見れば、単なる迷信であっても、未来のいつかの科学ではそれが立派に「説明」されることにならないとも限らない。少なくもそうはならないという証明も今のところなかなか六かしいようである。

（『鉄塔』一九三三年二月）

鳶と油揚

鳶《とんび》に油揚《あぶらげ》を攫《さら》われるということが実際にあるかどうか確証を知らないが、しかしこの鳥が高空から地上の鼠《ねずみ》の死骸などを発見してまっしぐらに飛び下りるというのは事実らしい。

鳶の滑翔《かっしょう》する高さは通例どのくらいであるか知らないが、目測した視角と、鳥のおおよその身長から判断して百メートル二百メートルの程度ではないかと思われる。そんな高さからでもこの鳥の眼は地上の鼠を鼠として判別するのだという在来の説はどうもはなはだ疑わしく思われる。仮に鼠の身長を十五センチとし、それを百五十メートルの距離から見る鳶の眼の焦点距離を、少し大きく見積って五ミリとすると、網膜に映じた鼠の映像の長さは五ミクロンとなる。それが死んだ鼠であるか石塊であるかを弁別する事には少なくもその長さの十分一すなわち〇・五ミクロン程度の尺度で測られるような形態の異同を判断することが必要であると思われる。しかるに〇・五ミクロンはもはや黄色光波の波長と同程度で、網膜の細胞構造の微細度如何を問わずともはなはだ困難であることが推定される。

視覚に依《よ》らないとすると嗅覚《きゆうかく》が問題になるのであるが、従来の研究では鳥の嗅覚ははなはだ鈍いものとされている。

その一つの証拠としては普通ダーウィンの行った次の実験が挙げられている。数羽の禿鷹《はげたか》コンドルを壁の根元に一列につないでおいて、その前方三ヤードくらいのところを紙包みにした肉を提《さ》げて通ったが、鳥どもは知らん顔をしていた。そこで肉の包みを鳥から一ヤード以内の床上に置いてみたが、それでもまだ鳥は気が付かなかった。とうとうその包みを一羽の脚元まで押しやったら、始めて包紙を啄《つつ》きはじめ、紙が破れてからやっと包みの内容を認識したというのである。また他の学者はある種の鶚《みさご》の前へカンバスで包んだ腐肉を置き、その包みの上に鮮肉の一片をのせた。鳥は鮮魚を喰い尽したが布片の下の腐肉には気付かなかったとある。

しかし、これはずいぶん心細い実験だと思われる。原著を読まないで引用書を通して読んだのであるからあまり強いことは云われないが、これだけの事実から、鷙鳥《しちよう》類の嗅覚の弱いことを推論するのははなはだ非科学的であろうと思われるし、ましてや、鳶の場合に嗅覚がなんらの役目をつとめないということを結論する根拠になり得ないことは明らかである。

壁の前面に肉片を置いたときにでも、その場所の気流の模様によっては肉から発散する揮発性のガスは壁の根元の鳥の頭部にはほとんど全く達しないかもしれない。また、ごく近くに肉の包みをおかれて鳥がそれを啄《ついば》む気になったのは、嗅覚にはよらずして視覚にのみよったということもそう簡単に断定は出来ない。それからまた後の例でも鮮肉を喰ったために腐肉の匂いに興味がなくなったのかもしれない。あるいはまた喰っているうちに鼻が腐肉の臭気に馴らされて無感覚になったということも可能である。

ダーウィンの場合にでも試験用の肉片を現場に持ち込む前にその場所の空気が汚れていて、人間には分らなくても鳥にはもうずっと前から肉の匂いか類似の他の匂いがしていて、それに馴らされ、その刺戟に対して無感覚になっていたかもしれない。

それからまた次のような可能性も考えなくてはならない。すなわち、ある食物が鳥の食慾を刺戟してそれを獲得するに必要な動作を誘発し得るためには単に嗅覚の刺戟ばかりでは不十分であって、その外に視覚なりあるいは他の感覚なり、もう一つの副条件が具足することが肝要であるかもしれないのである。

あるいはまた、香気ないし臭気を含んだ空気が鳥に相対的に静止しているのでは有効な刺戟として感ぜられないが、もしその空気が相対的に流動している場合には相当に強い刺戟として感ぜられるというようなことがないとも限らない。

鳥の鼻に嗅覚はないが口腔が嗅覚に代わる官能をすることがあると或る書に見えているが、もしも香を含んだ気流が強く嘴《くちばし》に当っている際に嘴を開きでもすれば、その香が口腔に感ずるということもあるかもしれない。

上述のごとく、視覚による説が疑わしく、しかも嗅覚否定説の根拠が存外薄弱であるとして、そうして嗅覚説をもう一遍考え直してみるという場合に、いちばんに問題となることは、いかにして地上の腐肉から発散するガスを含んだ空気がはなはだしく稀薄にされることなしに百メートルの上空に達し得るかということである。ところが、これは物理学的に容易に説明せられる実験的事実から推してきわめてなんでもないことである。

例えば長方形の水槽の底を一様に熱するといわゆる熱対流を生ずる。その際器内の水の運動を水中に浮遊するアルミニウム粉によって観察してみると、底面から熱せられた水は決して一様には直上しないで、先ず底面に沿うて器底の中央に集中され、そこから幅の狭い板状の流線をなして直上する。その結果として、底面に直接触れていた水はほとんど全部この幅の狭い上昇部に集注され、ほとんど拡散することなくして上昇する。もし器底に一粒の色素を置けば、それから発する色付いた水の線は器底に沿うて走った後にこの上昇流束の中に判然たる一本の線を引いて上昇するのである。

もしも同様なことがたぶん空気の場合にもあるとして、器底の色素粒の代りに地上の鼠の死骸を置きかえて考えると、その臭気を含んだ一条の流線束はそう大しては拡散稀釈されないで、そのままかなりの高さに達し得るものと考えられる。

こういう気流が実際にあるかと云うと、それはある。そうしてそういう気流が正しく鳶の滑翔を許す必要条件なのである。インドの禿鷹《ヴァルチュア》について研究した人の結果によると、この鳥が上空を滑翔するのは、晴天の日地面がようやく熱せられて上昇渦流の始まる時刻から、午後その気流が止む頃までの間だということである。こうした上昇流は決して一様に起ることは不可能で、類似の場合の実験の結果から推すと、蜂窩《ほうか》状あるいはむしろ腸詰状対流渦の境界線に沿うて起ると考えられる。それで鳥はこの線上に沿うて滑翔していればきわめて楽に浮游していられる。そうしてはなはだ好都合なことには、この上昇気流の速度の最大なところがちょうど地面にあるものの香気臭気を最も濃厚に含んでいるところに相当するのである。それで、飛んでいるうちに突然強い腐肉臭に遭遇したとすれば、そこから直ちにダイヴィングを始めて、その臭気の流れを取り外ずさないようにその同じ流線束をどこまでも追究することさえ出来れば、いつかは必ず臭気の発源地に到達することが確実であって、もしそれが出来るならば視覚などはなくてもいい訳である。

鳶の場合にもおそらく同じようなことが云われはしないかと思う。それで、もし一度鳶の嗅覚あるいはその代用となる感官の存在を仮定しさえすれば、すべての問題はかなり明白に解決するが、もしどうしてもこの仮定が許されないとすると、すべてが神秘の霧に包まれてしまうような気がする。

これに関する鳥類学者の教えを乞いたいと思っている次第である。

（『工業大学蔵前新聞』一九三四年九月）

蜻蜓

八月初旬のある日の夕方信州星野温泉のうしろの丘に散点する別荘地を散歩していた。蜻蜓《とんぼ》が一匹飛んで来て自分の帽子の上に止まったのを同伴の子供が注意した。こういう事はこの土地では毎日のように経験することである。

ステッキの先端を空中に向けて直立させているとそれに来てとまる。そこでステッキをその長軸のまわりに静かに廻転させると、蜻蜓はステッキの廻るのとは逆の方向にからだを廻して、周囲の空間に対して、常に一定の方向を保とうとする。そういう話を前日子供たちから聞いていたのではたして事実かどうか実験してみようと思った。

帽子を離れた蜻蜓が道端の草に移った。その傍《そば》にステッキの先端を近づけて二、三度操っていたら、うまく乗り移って来た。静かにステッキを垂直に取直しておいて、そろそろ廻転させてみた。はじめは一向に気付かないようであるが九十度以上も廻転すると何かしら異常を感じるらしく、摑まっている足を動かしてからだを捻《ね》じ向ける。しかしそれはわずかに十度か二十度ぐらい廻転するだけで、すっかり元の方向まで向き直るようなことはない。何遍も繰返してみたが同じ結果であった。

道路に沿うて頭の上を電線が走っている。それに沢山の蜻蜓が止まっているが、それがみんな大体東を向いている。ステッキの蜻蜓が最初に止まったのと同じ向きである。

夕日がもう低く傾いていて、蜻蜓はみんなそれに尻を向けているのであった。当時ほとんど無風で、少なくも人間に感じるような空気の微動はなかったので、ことによると蜻蜓はあの大きな眼玉を夕日に照りつけられるのが厭で反対の方に向いているのではないかとも思われた。

試みに近い範囲の電線に止まっている三十五匹の蜻蜓の体軸と電線との挟む角度を一つ一つ目測して読取りながら娘に筆記させた。その結果を図示してみるとそれらの角度の統計的分布は明瞭に典型的な誤差曲線を示している。三十五匹のうち九匹は大体東西に走る電線に対してその尻を南へ十度ひねって止まっている。この最大頻度の方向から左右へ各三十度の範囲内にあるものが十九匹である。つまり三十五のうちの二十八だけ、すなわち八十プロセントだけは、三十度以内まで一定の方向に狙いをつける能力をもっていたといわれる。

残りの二十プロセントすなわち七匹のうちで三匹だけは途方もなく見当をちがえて、最大頻度方向からそれぞれ百三十度と百四十度と百六十度というむしろ反対の方向をむいていた。人間流に考えるとこの三匹は呑気《のんき》で無神経で、つまり環境への順応が遅鈍であるのか、それともつむじ曲がりの天《あま》の邪鬼《じゃく》であるのかとも思われる。しかしまた考えてみると、蜻蜓の方向を支配する環境的因子は色々あるであろうから、他の多数の蜻蜓が感じないようなある特殊な因子に敏感な少数のものだけが大衆とはちがった行動を取っているのかもしれないと思われた。そのようなことの可能性を暗示する一つの根拠は、最大頻度方向より三十度以上の偏異を示す七匹のどれもがみんなその尾端を電線の南側に向けており、反対に北側に向けたのはただの一匹もなかったという事実である。

その翌日の正午ごろ自分達の家の前を通っている電線に止まった蜻蜓を注意して見ると、やはり大体統計的には一定方向をむいているが、しかし、太陽に尻を向けるという仮説には全然適合しない方向を示していた。丁度正午であるから、たとえどちらを向いてみても眼玉を照らされるのは大体同じだから、少々この場合には何か他の環境条件に支配されているだろうと思われた。

それから、ずっと毎日電線の蜻蜓のからだの向きを注意して見たが、結局彼らの体向を支配する第一因子は風であるということになった。地上で人体には感じない程度の風でも巻煙草に点火したのを頭上にかざしてみれば流向が分る、その程度の風に蜻蜓は敏感に反応して常に頭を風に面するような態度を取るのである。

尤も、地上数メートルの間では風速は地面から上へと急激に増すから、電線の高さでは人間の感ずるよりはいくらか強い気流があるには相違ない。

谷間の土地であるから地形により数町はなれると風向がよほどちがう場合が多い。そういう場合に、いつでもまたどこでも、その時その場所の風に頭を向けている。時刻が大体同じなら太陽の方向は同じであると考えていいのであるから、太陽の影響は、もしいくらかあるにはあるとしてもそれは第二次的以下のものであるという結論になるのである。

この瑣末《さまつ》な経験は色々なことを自分に教えてくれた。

最初気付いた時にはおそらく、微弱な風が丁度偶然太陽の方向に流れていたであろう、それを考えないで、蜻蜓の尻を捻じ向けたのは太陽だと早呑込みをしてしまったのであった。

しかしまたこの事から、蜻蜓の止まっているときの体向は太陽の方位には無関係であるという結論を下したとしたら、それはまた第二の早合点という錯誤を犯すことになるであろう。この点を確かめるには、実験室内で出来るだけ気流をならしておいて、その中で養ってある蜻蜓に色々の向きから色々の光度の照明をして実験することも出来なくはない。しかし実験室内に捕われた蜻蜓が果して野外の自由な蜻蜓と全く同じ性能をもつと仮定してよいかどうかという疑問は残る。

一番安全な方法はやはり野外で沢山の観測を繰返し、おのおのの場合の風向風速、太陽の高度方位、日照の強度、その他あらゆる気象要素を観測記録し、それに各場合の地形的環境も参考した上で、統計的分析法を使用して、各要素固有の効果を抽出することであろうと思われる。

現在測候所で用いているような風速計では感度が不十分であるから、何か特別弱い風を測るに適した風速計の設計が必要になるであろうと思われた。また一方蜻蜓の群が時には最も敏感な風向計風速計として使われうるであろうということも想像された。風速によって蜻蜓の向きの平均誤差が減少するであろうと想像される。その影響の量的数式的関係なども少し勉強すれば容易に見付かりそうに思われる。アマチュア昆虫生態学者にとっては好個のテーマになりはしないかという気がしたのであった。

蜻蜓がいかにして風の方向を知覚し、いかにしてそれに対して一定の姿勢をとるかということがまた単に生物学者生理学者のみならず、物理学者工学者にまでもいろいろの問題を提供するであろうと思われた。

人間を蜻蛉に比較するのはあまりに無分別かもしれない。しかし、ある時代のある国民の思想の動向をある方向に引き向ける第一第二の因子が何かしら存在している、それを観察し認識する能力が現在のわれわれには欠けているのではないかという気がする。そうして一層難儀なことはその根本的な無知を自覚しないで本当は分らないことを分ったつもりになったりあるいは第二次以下の末梢的因子を第一次の因子と誤認したりして途方もない間違った施設方策をもって世の中に横車を押そうとするもののあることである。

人類を幸福に世界を平和に導く道は遼遠である、そこに到達する前にまずわれわれは手近な蜻蛉の習性の研究から完了してかからなければならないではないか。

この蜻蛉の問題が片付くまでは、自分にはいわゆる唯物論的社会学経済学の所論をはっきり理解することが困難なように思われるのである。

（「三斜晶系」『中央公論』一九三五年十一月）

地球の円い話　他三篇

中谷宇吉郎

■なかや・うきちろう　一九〇〇～六二　物理学者

石川県生まれ。主な作品『雪』『科学の方法』

初採録　科学以前の心「新制中等国語 文学編 第三学年用」（北陸教育書籍、一九五二年）

地球の円い話「新編新しい国語 中学三年下」（東京書籍、一九五七年）

立春の卵「国語 総合三下」（開隆堂出版、一九五八年）

科学の限界「中学国語 三」（日本書籍、一九六九年）

底　本　『中谷宇吉郎随筆選集』全三巻（朝日新聞社、一九六六年）

科学以前の心

金沢の街には周囲に高い土塀をめぐらした旧い家がまだ大分残っている。それらの家は、どれも庇《ひさし》が長くさし出ていて、細い格子がはまっているのが普通である。暗い玄関をぬけて、座敷へ通ってみると、柱にも天井にも漆が塗ってあり、壁は濃い緑の砂壁になっていることが多い。何となく日光から逃げかくれた部屋という感じである。その座敷の奥に寂然と坐って、北向きの庭の山茶花《さざんか》に弱い冬の陽が音もなく落ちている景色を眺めていると、百万石の城下町の匂いが家の中にすっかりしみこんでいるのがよくわかる。そして、先祖代々そういう家に生まれ、そういう家で死んだ人たちの子孫で、今もなおその家をついでいるような人が、少なくとも二十年前までの金沢の街には、まだ相当あった。

その二十年前の金沢で、私が高等学校時代に下宿をしていたのは、この典型的な士族の家であった。その家には、妙に男が死に絶えて、その時には、七十近いお婆さんと、その娘で四十くらいの未亡人との二人切りしかいなかった。お婆さんは頭をそっていたので、年中白い頭巾をかぶって、長火鉢のそばに坐っていた。そして茶筅《ちゃせん》髪の四十の未亡人が、一日中家の中を念入りに掃除したり、食事の用意をしたりしていた。

私はいつも長火鉢のある茶の間で、一人お膳に向って食事をした。そしてその後でよくこの二人の人たちとしばらく雑談をしては、二階へ上がって行くのであった。その雑談は、私には非常に面白かった。というのは、その人たちの頭の働き方には、西洋文明の輸入以前の日本人、或いは長い冬を雪にうもれて暮した昔の北陸の人と言った方がよいのかもしれないが、その考え方が、そっくり残っていたからである。

今日の私たちの頭には、もうすっかり西洋の科学が形式だけは浸みこんでいるので、かえって科学のまだはいって来なかった頃の人の頭の働き方がわかりにくいのではないかと思われる。

或る時兎を飼う話が出た。ところが茶筅髪の未亡人が、兎を飼うなどということは、実際にはとてもできるものではないと、頑強に反対した。理由は、兎というものは、どんなに丈夫な檻に入れておいても、十五夜の晩には必ず逃げて行ってしまうからというのである。それに対して私が何か言おうとすると、「あなたたちは、いくら高等な勉強をしなさっても、今の人たちはそんなことはちょっとも知りなさらんもん」という一点張りで、これには歯が立たなかった。

とうとう最後には、「そうやけどわたしは、ちゃんとその証拠を見ましたんやさかい」ということになった。その証拠というのは、この小母さんが或る町の鶏屋で、小さい檻の中で兎を飼っているのを通りがかりに見たことがあった。十五夜になれば逃げて行ってしまうのに、この鶏屋も馬鹿な男だと思っていた。そしたらその次にまたその鶏屋の前を通ったら、兎のいない空の檻が置いてあったので、よく考えてみたら、その間に、「果して」十五夜の晩が「ちゃんと」あったのだそうである。

この話をききながら、私はなる程それもちゃんとした証拠であると、一人苦笑した。しかしその時は、まだ百万石の城下町の昔の人たちの頭の作用は充分にはのみ込めなかった。

ところが、その後、もっとはっきりした事件があった。私はその頃からよく朝寝をしたらしく、いつも朝飯を半分かきこみながら、学校へとび出して行った。それで或る日白頭巾のお婆さんが、それでは身体に毒だと言い出した。

「もう一時間はよう起きなさりあ、楽やのに、そりゃそと夜は何時におやすみになりますか」という。まあ十一時くらいでしょうというと、お婆さんは指を折りながら、

「十一時、十二時、一時……」とかぞえ始めた。そして「それみなされ、七時までなら、九時間もありみすやろ」という。私は慌てて、「お婆さん、十一時にねるのに、十一時からかぞえられちゃやり切れませんよ」と抗議を申し込んだ。しかしその抗議の意味は、どのように説明しても、お婆さんには納得されなかった。「それじゃ、十一時に寝て一時に起きたら、何時間寝たことになりますか」ときいても、「十一時、十二時、一時。三時間ですやろ」とすましている。「それなら、十一時にねて十二時に起きたら」というと、「十一時、十二時」とかぞえながら、どうも少し可笑しいと気がついたらしく、「そんなら一時間ねたことになりみすやろ」と答えながら、不安げな顔付であった。

私はやっと安心して、「ですから、十一時にねたら、十二時までが一時間、一時までが二時間だから、十二時からかぞえるんですよ」というと、お婆さんも兜をぬいだ。しかしその兜のぬぎ方が実に意外なのであった。「やっぱし学問のある人にぁ、かないみしん。うまいことだまかしなさる」と言うのであって、十一時から七時までが九時間という勘定に対する信念は毫もゆるがないのである。

この話は、未開人の数に関する概念とか、数学的帰納法《インダクション》というわれわれにはもう当然のことになっている考え方の起因を論ずる場合には、一つの参考になる話ではなかろうかと思う。しかし此処では、もっと広い意味で、科学的な考え方というものについての一つの例話として考えてみよう。

この場合、「うまいことだまかしなさる」という言葉には、相当深い意味があるのである。というのは、話の筋をきいてみて、理窟がちゃんと通っている場合には、それが本当であるというのが、現代の科学的訓練を表面だけでも受けた人の物の考え方である。その理窟が間違っているかどうかというのは、別の問題であって、その理窟の範囲内では本当であるということを一応認めておいて、さてその理窟に間違いがないかどうかをさらに考えてみるのならば、それは既に広い意味での科学的な考え方に一歩はいったのである。今のような場合に、極めて端的に或いは素直に「うまいことだまかしなさる」と感じられるのは、それは非科学的というよりも、むしろY氏の言葉を借りれば、科学以前の考え方なのである。

この話を思い出すごとに、私は徳川時代の末期からその頃までずっとつづいて、あの百万石の旧い城下町の上に、静かにおどんでいる空気を感ずるのである。その空気には懐旧的な匂いがあり、平和と安息とがあって、北陸の片田舎に故郷をもつものには、懐かしい思い出の種なのである。

この頃になって、この話を私は友人の一人にしたことがある。そしてこういう科学以前の考え方も、もうこの頃では跡を断ったことだろうがと付け加えた。すると、その友人が「いやいやどうして、僕は最近もっとひどいその科学以前という目に会ったよ」という話をした。それは私たちの住んでいる街の石炭の配給についての或る日の経験のことであった。

この街では従来は、われわれの家庭でも、大抵は三つくらいのストーブをそなえて、一冬に五トン程度の石炭を焚いてきていたのである。少し大きい家や、温水暖房の設備をした家では、十トンから十五トンという額に上っていた。今から考えてみれば、少し贅沢な話かもしれないが、実際にはそういう習慣になっていた。そしてその石炭のおかげで、私たち北の国に住む者にも、厳冬の吹雪をよそに、暖かい団欒《だんらん》の宵が恵まれていたのであった。

しかしそういう贅沢は、勿論現在の時局の下では許されなくなってきた。そして昨年から一律に一世帯二トン半という配給を受けることになった。二トン半というと、この街の気候では一個のストーブを焚くのに丁度良い量であって、まず家族の者がどうにか冬が越せるという程度である。もっともこの時局下に、辛うじてでも冬が越せることは非常に有難いことであるが、夜書斎で仕事をしたり、学生や若い人たちが始終訪ねて来たりする職業の者にとっては、実は少し困るのである。もっともその方は、夜の仕事を止めたり、学生を断ったりすればすむことであるが、この配給には一つ妙なことがある。それは間借りをしている一人者の婆さんでも、二トン半の石炭を買わされることである。そういう人たちは勿論それだけの量の必要もなく、またそれを買う資力も無い人が多い。それでそういう人たちは、切符を断るのに困っているという話である。

ところで、或る日のこと、その友人が近所の床屋へ行ったら、偶然、公区の配給の係の人に会ったのだそうである。前から考えていたこととて、その友人は早速この点についてきいてみた。その問答というのが、私たち科学の普及に関心をもっている者にとっては、大変参考になる話なのである。

その友人はできるだけ丁寧にきいてみた。

「二トン半というと、一寸困ることがあるのですが。私のところなど、家が広いし、子供が多いし、この冬はどうしようかと、実は心配しているところなんです。」

「そういう贅沢を言われても困りますね。何にしてもこの非常時局ですから。皆で協力して、石炭を節約しなくちゃ。」

「それは充分わかっているのですが、何分ストーブ一つでは、私たち夜勉強をする者には。」

「いいえ、この冬は、どんな大きい家でも、どんな金持でも、一軒にストーブは一つしかつけさせないんです。」

「いや、石炭が無いのなら止むを得ませんが、現に隣りの○○さんでは、いらない石炭の切符が来て困っているのですから、何とかできないものでしょうかね。」

「どうもあなた方インテリは時局の認識が足りなくて困ります。もう少し目覚めてもらわなくちゃ。」

これで私の友人はすっかり沈黙してしまったそうである。なるほどこれならば立派に科学以前である。もしこの場合「それではいらない人にも無理に石炭を買わすことが、時局に目覚めたことなのですか」などときいたら、それこそ「うまいことだまかしなさる」くらいではすまないであろう。

この友人の話は、私にいろいろなことを考えさせてくれた。現在の国家の情勢について、少し深く心を潜めたことのある人は、誰でも人心の協和が、大地における水分のように、国家の生命をはぐくむのに一番大切な要素の一つであることを感じているであろう。

いわゆる文明の進歩とともに、やかましく言えば物質文明の急激な発達につれて、今日の生活の様式は非常に複雑になっている。こういう生活条件の下では、人心の協和を相互の理解の上に置くのが一番の早道である。理解は、事象の本体を明らかにすることによって得られる。もっともその外にもいろいろ理解を得る方法はあるが、時間と精神力との最も経済的な方法は事象の本体を明らかにすることであろう。そしてすべての事柄について、好悪とか打算とか意見とかいうことを離れて、とにかく事柄の実相をまず見て、その間に理窟が通っているかどうかを考えてみるのが、広い意味での科学的な考え方なのである。感情とか、意見とかいうものは、その実相を見てから後のことでも間に合うであろう。

こういうことを言うと、科学的な考え方などという高尚なものを一般の生活の中にとり入れることを、誰にでも要求するのは無理だと考えられるかもしれない。しかしそれは全く反対なのであって、大抵の場合には、物事を科学的に取り扱うのが一番易しい方法なのである。例えば今の石炭の話の場合に、科学以前でない返事をしたらどうなるかを考えてみよう。もっとも事情が判明していないので実相はわからないが、多分次のようなことなのであろう。

「この街の石炭の配給量は決まっているので、とにかく全体としては足りないのです。しかしその足りない石炭をなるべく公平に分けたいのですが、現在の組織と人手とでは、家の広さや家族の数を考慮に入れた分配率は決められない状態なのです。それでとりあえず一律に分配しているので、これは過渡期のことですから、しばらく我慢して下さい」というような返事ならば、事柄の実相がわかって、両方とも後味の悪い気持は残らないであろう。

もっとも別な返答もあり得るわけである。「石炭は個人の能率にかかわらず、できるだけ節約したいのです。それで一律に二トン半くらいに決めておけば、買えない人の分だけ浮くことになります。こっちから買えない人を認定することはできないので一律にしたわけです。これも石炭節約の一つの方法なのです」というのが実相かもしれない。それならばそれで、事柄さえわかれば一応の了解はつく。その原則のよしあしは次の問題であって、この時局の下では、多少のよしあしにかかわらず、一度当局者の方で決めた方針を一応遵守することが、一つの大切な心得なのである。

こういう返答は、この場合において、前の「もう少し時局に目覚めてもらいたい」という返事よりも、著しく科学的である。これならば何もむずかしいことではない。一体科学的な考え方というものは、人間の頭の作用の中で、一番わかり易くて簡単な考え方を抜萃したものなのであろう。それだから、非常に複雑な対象をも分析したり処理したりすることができて、今日の科学文明が出来上がったのである。

以上の話は、勿論係の人が事柄の本当のことをよく知っていたとしての話である。

もしそれを知っていなかったとしたら、これだけの返事をするには、そのお達しがあった時に、適当な当局者の所へ行ってその意味をよくきいておく必要がある。困難は実は其処にあるのであって、この場合科学的な考え方をするには、足も一つの役割をしなければならないのである。足や腕で考えさせるというと、この頃のいわゆる訓練と非常に似た話になるが、いずれの場合でも、もしそれが考え方の点に意味を置くならば、頭が手足を使うのであって、手足が頭を使うのでないことは勿論である。ところで誤解を避けるためにつけ加えておくと、私がここで問題としているのは、石炭の量やその配給の理由ではなくて、科学以前の考え方が、現在でもまだ沢山流行しているという点である。

科学以前の考え方も、前の白頭巾のお婆さんの場合には、ある懐旧的な情趣がある。しかし後の例となると、これは相当重大な問題として考える必要がある。もっとも科学精神の涵養《かんよう》という問題は今日ではもう論議しつくされていることで、何も今さら事あたらしく言い出すまでもない。しかし大衆に科学を普及させようとか、国民に科学的訓練を与えようとかする場合に、非科学的よりももっと厄介なこの科学以前の考え方について、それを如何に処理すべきかという問題は、もっと攻究されてよいことであろう。

非科学的というのは、論理がまちがっているか、知識が足りないことに起因する場合が多い。どんなに間違っていても、とにかく論理のある場合には、その是正は可能であり、知識は零から出発しても、いつかは一定の量に達せしめることができる。しかし科学以前の考え方は全く質の異なったものである。それは抜くべからざる因習に根ざしているか、それ自身には罪はないがしかし泥のような質の無智か、または自分にも意識していない一種の瞋恚に似た感情が、その裏付けをしている場合が多い。

そういうものの考え方も、平時にあっては、複雑な社会生活における一種の陰翳のような役割をつとめているものとして見逃しておく方が賢明なのであろう。事象の進行の速度が丁度自然の要求するところと合っている場合には、あらゆる夾雑物がうまくねれて、かえって、一種の潤滑剤のような役目をすることもあり得るからである。しかし戦時になると、すべての事象についてその進展の速度が著しく高められるのであって、或る場合にはかなり無理な高速度で連続運転がなされなければならない。そういう場合には、極く小さい問題についての科学以前の考え方すらも、高速廻転の発動機に対する塵埃のようなことになるのではないかと思う。

こういうふうに言うと、科学が万能で、科学以前の考え方は、国家の運命を蝕むだけのもののようにとれるかもしれない。しかしそういう非科学的な物の考え方をするつもりは無い。ただ現在の時局の下で何よりも大切な国防機械力の強化とか、物資の統制と配給とかいう物質を取扱う場合には、やはり物質文明の基調である科学が万能なのである。

そのことは、もう国家的に認められていることで、その故に科学振興が国策の一つとして取りあげられているのであろう。そしてその科学振興の一翼として、科学の普及と生活の科学化とが叫ばれている。そのことはまことに結構なことであって、生活の科学化から始めなくては本当の科学振興は望まれない。

ところで、その生活の科学化の具体的な啓蒙の方法として、一時は風呂の温度を寒暖計で測るとか、家庭に天秤をそなえて計量的生活の躾をつけるとかいうふうなことが唱えられた時代もある。するとまた引きつづいて、そういうことが生活の科学化ではないという議論も沢山出てきた。その論旨は結局のところ、そういう形式的な科学化ではなくて、科学精神を涵養せよというところに落付いているようである。私も多分それと同じ結論になるのであろうが、そのことを「科学以前の考え方をまず整理する」という言葉で表わしたいと思う。

科学以前の考え方を整理するというのは、それを撲滅するという意味ではない。旧い伝統をもち、かなりの広い範囲にわたる或る種の階級の人たちの頭の奥に浸み込んでいる考え方を急に撲滅するなどということは、必ず無理をともなう。科学は無理を嫌うものである。

整理する方は、それに反して何らの無理をともなわない。整理するという意味は、科学以前の考え方を「科学以前」と認定して、そのまま片付けておくことである。ちゃんとした認定さえつけば、それはあまり害毒を流し得ないものであって、自然に消滅すべき運命に陥るのである。その認定する力を多くの人に与えることは非常に困難とも考えられるが、一度皆が心を静めさえすれば案外容易なことかもしれない。この点はしかし議論の余地の充分ある点である。

この場合において一番先にすべきことは、現在の世の中にも科学以前の考え方が実際に相当流行しているということを知らすことである。それは丁度算術の問題を出す場合には、答えがあるということを前提としなければならないようなものである。答えがあるかないかわからない問題は小学生には無理である。その場合答えがあるということを知らすだけで、問題の困難さは半減されるのである。そういう意味で、私はむしろ否定的な半面を幾分強調するようなことも、今のような問題を論ずる場合には必要であると思う。

現代に住む者が、現代を見ることは、至難な業である。しかしいかに困難であっても、時々はそれをじっと正視することが必要なのである。

（一九四一年十一月）

地球の円い話

地球が円いという話は、何も珍しいことではない。今日では大抵の小学生が皆知っているとおりである。

もっとも地球が完全な球形であるというのは本当は間違いで、第一に地球の表面にはヒマラヤの山もあれば、日本海溝もあるので、詳しく言えば、凹凸のあることは勿論である。それに中学生くらいならば、地球はそれらの凹凸を平均しても、やはり完全に円くはないので、南北方向に縮んだ楕円形になっていることを知っているであろう。

次に大学生になると、もっとも理学方面の学問を学んでいる連中のことであるが、地球の形を高低平均するといっても意味が曖昧なので、海の平均水準面を陸地の内部まで延長して、いわゆるゼオイドなる平均海面を考える必要があることを教えられる。

そして地球の形は楕円体でもないので、擬似楕円体と称すべきであるなどということになる。

さらに地球物理学者にきくと、地球の形は、それらのいずれでもないので、「狐の色が狐色であるごとく、地球の形は地球形である」という返事をされるであろう。

こうなると話に切りがなくなるので、結局地球の形はどんなものかどころではなく、地球の形というのは何を指すのかも一般の素人には一寸わからなくなってしまう。

ところがこれ等のいろいろの説明の中で、一番真に近いのは、結局小学生の答えであって、地球は完全に円い球であると思うのが、一般の人々にとっては一番本当なのである。というのは、図に示した形は、コンパスで描いた図であるが、これが地球の形の代表的なものである。コンパスで描いた以上、この図形は線の幅の範囲内では、完全な円である。そして実際に地球は、この線の幅の範囲内では、丁度この円のような形をしているのである。それでは地球が円いというのも不思議ではないであろう。

その真偽をためすためには、次のような簡単な計算をしてみれば、問題は極めて明瞭になる。この円が直径六

センチあって、線の幅は〇・二ミリであるとする。それでこの円を地球とみると、地球の直径一万三千キロを六センチに縮尺して描いたことになる。この縮尺率から計算すると、線の幅〇・二ミリは四十四キロに相当する。

ところでエベレストの高さは海抜八・九キロで、海の一番深い所といわれるエムデン海溝が一〇・八キロの深さである。それで現在知られている地表上の凹凸の差の極限は一九・七キロに過ぎない。即ち地球の表面の凹凸は、極限がこの図の線の幅の半分以下である。従って地球表面の普通の山や海の凹凸を忠実に描いてみても、大体この線の幅の十分の一程度の凹凸になってしまうので、それではいくら鉛筆の頭を尖らしても、到底描けるものではない。

次に地球が楕円形になっている程度であるが、それも案外少ないので、赤道面内の半径よりも、南北の半径が約二十二キロ短いだけである。即ち楕円体といっても、前の図の線の幅の半分程度長短があるに過ぎないので、ちゃんとした楕円体に描いてみても、結局このコンパスで描いた円と同じ形になってしまうはずである。

こう考えてみれば、地球の形を図に描いてみるとなると、結局コンパスで円い円を描くより仕方がない。即ち小学生の答えが一番本当に近いということになってしまうわけである。少し胡麻化したようにみえるが、この話の秘訣は、鉛筆で描いた線には幅があるという点に帰するのである。

実際に描く線には必ず幅があることくらいは、誰も知らない人は無い。しかしこの一番簡単なことをつい忘れている人が案外多いように思われる。前の図の線の幅が四十四キロに相当するとなると、現在の気象学がやっとこの頃手を染めかけた成層圏というのが、僅か十キロを越えたところを問題にしているに過ぎないし、地殻の中のことは勿論そんな深いところはわからないから、結局現在のわれわれの知識は、確かなところはこの線の幅の半分くらいにしか達していないのである。そうなると線の幅もなかなか馬鹿には出来なくなる。われわれの現在の知識が僅かその程度にしか及んでいないことに驚く人があったら、その人は鉛筆で描いた線には幅があることを忘れている人である。

数学でいう線には幅がないが、物理で使う線には必ず幅がある。或る量の測定をして、その量が他の変数、例えば温度とか時間とかと、どういう関係になっているかを示すには、図の上に曲線であらわすのが一番普通であり、かつわかりやすい。この場合にも曲線は鉛筆で描くので、それには幅がある。鉛筆の頭をせいぜいとがらしてみても、〇・一ミリという細い線はまずむずかしい。しかしその程度の細い曲線を描いたとして、その時、測定値が皆その線の上にぴたりと載ったとしたら、それは精密な測定であって、しかもちゃんとした関係が見付かったとして物理学者は安心する。それを説明された一般の人は、特に天邪鬼《あまのじゃく》でない限りは、一層安心するのが当り前である。

この場合、測定が精密でかつ正確になされたということは、観測値がぴたりと曲線の上に載ることから言われるのであるが、よく考えてみると、大抵の場合は、図の上での曲線の高さは十センチか二十センチ程度である。そうすると、〇・一ミリの幅の線の上に観測値が載るためには、その値に〇・二ミリまでの誤差が許されるので、結局三桁《けた》の数字が出る程度の精確さで測定をしておけば、大抵充分に精密な測定として受け入れられることになるのである。

言うまでもなく、測定は人間が機械を用いて行うので、その精度には常に一定の限界がある。言い換えれば、物理の方で測定値として取扱う数値にはいつでも誤差がともなっているので、その誤差の入って来ないところにある上位の数値だけが物理的に意味のある値なのである。そういう数値が三桁あれば、普通の場合には、今言ったようにまずかなり精密な測定として通用するわけなのである。

こういう意味のある数字を有効数字というのであるが、有効数字が三桁というのは、例えば 56.2 とか 7.31 とかいう数である。数字で書いてみると三桁くらいのものは極めて簡単な数で、小学校の三年生くらいならば楽々と取り扱える程度のものである。ところが物理の方では三桁目まで精確な測定値が得られれば、大抵の場合には、それでまず充分に精密な測定と思って差し支えない。そして普通の物理的性質は、それくらいの精度でわかれば、それで充分に壮麗な物理学の殿堂を築き上げる材料として採用することが出来るのである。

もっとも三桁というのは、一般の場合であって、精密な物理の測定では四桁も五桁もちゃんと測定がなされていることもしばしばある。こういう場合に意味のある数字を一桁増すことは、誤差をさらに十分の一に縮めることであって、実は非常に骨の折れる仕事なのである。学生実験の報告書とか、ドイツの学位論文の或るものとかを見ると、六桁くらいの数字が平気で沢山並んでいることがあるが、そういうものは大抵は、計算の途中に割算で沢山桁数を出したもので、此処では問題とするまでもないものである。本当の意味で有効数字が六桁も並んでいる測定があったら、その数字には正に脱帽して接すべきである。

以上は測定値の本当の正しさ、即ち絶対値の精度のことを言ったので、相対値となると話は少しちがってくる。相対値というのは、測定される量と同種の或る量を基準として、それとの比較値を求めることである。現在いろいろな物理量の中で最も精密に測られているものの一つは、分光学の元素のスペクトルの波長である。波長の表を見ると七桁くらいの数字がずっと並んでいるし、現在のこの方面の実験技術と機械の精度とは、その程度の「有効数字」を得るまでに進んでいる。しかしこの数字は、カドミウム元素から或る発光条件の下に出る或る光の波長を基準として、それとの比較値を示しているのである。それで本当の波長の長さを知るには、その基準波長の長さをメートル原器と比較して、ちゃんとした基準の値を出しておく必要がある。勿論その測定のためには、世界各国で優れた学者が厳密を極めた実験をしたのである。そして現今国際間に認められた値として 6438.4696Å——Åは十億分の一ミリ——が採用されている。その後わが国で渡辺博士らによって、さらに精密になされた測定では、その波長は 6438.4682Å と出ているし、英国の他の測定では 6438.4708Å となっている。八桁出ているが、その中初めの六桁が正確に合っている。この測定などが、現代の物理学で到達し得る精度の最高標準を示しているので、六桁の有効数字というのは、それ程恐ろしいものなのである。

六桁の有効数字の他の例は、三角測定の基線の長さである。土地の測量は三角法を用いて角度だけを測って組立てて行くので、それには基本になる長さ即ち基線を充分精密に測っておく必要がある。その長さは普通四キロか五キロくらいあるが、六桁目はセンチの単位になる。即ち四キロか五キロ程度の距離をミリまで測って四捨五入して、やっと六桁の有効数字が得られるのであるから、単に長さを測るというような一番簡単な場合でも、六桁の有効数字というのがまず極限であることがわかるであろう。

こういうふうに考えてみると、六桁が極限であるはずなのに、実際には、メートル原器によるカドミウム線の波長検定としては、八桁の数字が挙げられている。その数字は実は、国際間に条約で定めた数値なのであって、即ち国際単位である。この国際単位の最後の一、二桁には物理的意味がないのであるが、国際間で一度そういうふうに決めておけば差しつかえないのである。この種の国際単位は別に珍しいものではないが、一般には物理常数を条約で決めるなどということに初耳の人があるかもしれないので、付記する次第である。この種の国際単位は電気の方などにも沢山あって、電気の場合には四桁しか出せなかった時代に、その後に0を二つつけて六桁に約束で決めている。それから基線測量の方では、八桁即ちミリの十分の一まで出してあるが、この方は参考の程度にという意味である。

話は前の地球は円いという話に戻るが、三桁程度の精度では、地球の形はコンパスで描いた円になる。この時六桁まで精度を高めるということは、精度を千倍にすること、即ち前の図の線の幅〇・二ミリを二十センチにひろげることになる。そうすれば、山と海の高低や楕円率は勿論のこと、楕円からの偏差までも出て来るのは当然である。実際にそういう精度が測地学の方では到達されているのである。測地学といってもそのなかでいろいろの方法があるが、一番精密に地球の形を決めるには、地表での重力分布を測って、それから計算する方法がある。地球の形を重力分布から出すのは廻り遠いようであるが、その巧い点は、重力というものが非常に精密に測り得るところにある。例えば東京における重力の値が979.805というふうに六桁まで測り得るのである。最後の数字は少し確実でないかもしれないが、第一位が9であるから、完全に六桁の精度と言って良い。

このように重力は極めて精密に測り得る点は大変工合よいのであるが、それは特殊振子の週期を測る方法によるので、地上での測定はよいとしても、海の上ではどうして測定すればよいかという問題が起きてくる。振子の振動をしかも六桁という恐るべき精度で測るのであるから、余程しっかりした土台が必要である。それを動揺する船の上で測ることは、まず絶望である。それで潜水艦が或る深さ以上潜ると、動揺が殆んどないという点を利用して、潜水艦の中で特殊の振子を用いて重力を測るという方法が考案され、実際に世界各地の海でその測定がなされたのである。

しかし潜水艦というものは大変苦しいものの由で、その中で普通に働くことすら、実は大変な忍耐を要するという話である。まして潜水状態で、前に言ったような極度に精密を要する測定をするのは生易《なま》しいことではない。それでこの方法で世界中の七つの海を隈なく探るという案はまず実行不可能である。

ところが人間の智力もまた恐ろしいもので、この頃動揺する船の上でも、まるでコンクリートの台の上と同じように、重力を精密に測り得る装置が考案された。それはわが国の坪井忠二博士の手で出来たものであって、その主旨は、複雑な船の動揺を詳しく分析究明して、動揺の各要素について、それぞれその振動の影響から逃げるように振子の構造を工夫したのである。これならば豪華船のサロンに備えつけて、シガーでも吹かしながら測定出来るので、潜水艦の中で酸素かイオンかの足りない空気に轍《てっ》鮒《ぷ》の苦しみを嘗《な》めるのとは大変なちがいである。この発明は艱苦欠乏に耐えるという精神主義には悖《もと》るが、楽に沢山の精密な観測値を得る点では優れた発明である。

このように大変な努力をして、観測の精度の極致をつくして重力を測って、それが何かの役に立つことがあるかという疑問が起り得るであろう。その答えとして一例を挙げれば、これは地殻の構造、ひいては地震と密接な関係があるのである。重力をこの程度に精密に測ると、地球の正確な形と同時に、局所的に地殻内に質量が平均値よりも過剰または不足しているところがあるのが探査されるのである。その質量の不足と地震とは関係があるので、この研究は大地の底にある一種の「空洞」の調査とも言うことが出来る。それでこういう研究も何も学者の道楽とは限らないのである。

最後に、全く役には立たないが、一寸面白い一つの考察がある。それは大抵の物理的性質は、三桁くらいの精度でわかれば、それで充分であるということと、人智の極致をつくした精密な測定が、殆んど例外なく六桁で止っていることである。即ち観測の精度には、三桁と六桁とに何か意味があるらしく思われるのである。もっとも六桁の方は前に注意した人もあって、10^6というのが極めて広い意味での物理恒数であるというような珍説を出した人もある。普通の物理は三桁程度というのは、それに輪をかけた迷説で、自分の実験の技術の程度を言っているのかもしれないが、その程度でも物理で生活が出来るところをみると、何か意味があるらしくも思われるのである。

（一九四〇年一月）

立春の卵

立春の時に卵が立つという話は、近来にない愉快な話であった。二月六日の各新聞は、写真入りで大々的にこの新発見を報道している。もちろんこれは或る意味では全紙面を割いてもいいくらいの大事件なのである。昔から「コロンブスの卵」という諺があるくらいで、世界的の問題であったのが、この日に解決されたわけである。というよりも、立春の時刻に卵が立つというのがもし本当ならば、地球の廻転か何かに今まで知られなかった特異の現象が隠されているのか、或いは何か卵のもつ生命に秘められた神秘的な力によるということになるであろう。それで人類文化史上の一懸案がこれで解決されたというよりも、現代科学に挑戦する一新奇現象が、突如として原子力時代の人類の眼の前に現出してきたことになる。

ところで、事実そういう現象が実在することが立証されたのである。朝日新聞は、中央気象台の予報室で、新鋭な科学者たちが大勢集まって、この実験をしている写真をのせている。九つの卵が滑らかな木の机の上にちゃんと立っている写真である。毎日新聞では、日比谷の或るビルで、タイピスト嬢が、タイプライター台の上に、十個の卵を立てている写真をのせている。札幌の新聞にも、裏返しにしたお盆の上に、五つの卵が立っている写真が出ていた。これではこの現象自身は、どうしても否定することは出来ない。

もっともこの現象は、こういう写真を見せられなくとも、簡単に嘘だろうとは片付けられない問題である。というのは、上海ではこの話が今年の立春の二、三日前から、大問題になり、今年の立春の機を逸せずこの実験をしてみようと、われもわれもと卵を買い集めたために、一個五十元の卵が一躍六百元にはね上がったそうである。それくらい世の中を騒がした問題であるから、まんざら根も葉もない話ではないことは確かである。

朝日新聞の記事によると、この立春に卵が立つ話は、中国の現ニューヨーク総領事張平群氏が、支那の古書『天豎』と『秘密の万華鏡』という本から発見したものだそうである。そして、国民党宣伝部の魏氏が一九四五年即ち一昨年の立春に、重慶でU

P特派員ランドル記者の面前で、二ダースの卵をわけなく立てて見せたのである。丁度硫黄島危うしと国内騒然たる時のこととて、日本では卵が立つか立たないかどころの騒ぎではなかったことはもちろんである。さすがにアメリカでもベルリン攻撃を眼前にして、この話はそうセンセーションを起すまでには到らなかったらしい。

ところが今年の立春には、丁度その魏氏が宣伝部の上海駐在員として在住、ランドル記者も上海にいるので、再びこの実験をやることになった。

ラジオ会社の実況放送、各新聞社の記者、カメラマンのいならぶ前で、三日の深夜に実験が行われた。実験は大成功、ランドル記者が昨夜UP支局の床に立てた卵は、四日の朝になっても倒れずに立っているし、またタイプライターの上にも立った。

四日の英字紙は第一面四段抜きで、この記事をのせ、「ランドル歴史的な実験に成功」と大見出しをかかげている。立春に卵が立つ科学的根拠はわからないが、ランドル記者は「これは魔術でもなく、また卵を強く振ってカラザを切り、黄味を沈下させて立てる方法でもない。ましてやコロンブス流でもない」といっている。みなさん今年はもう駄目だが、来年の立春にお試しになってはいかが。

こうはっきりと報道されていると、如何に不思議でも信用せざるを得ない。おまけに、この話はあらかじめ米国でも評判になり、ニューヨークでも実験がなされた。ジヤン夫人というのが、信頼のおける証人を前にして、三日の午前この実験に成功したのである。

「最初の二つの卵は倒れたが、三つ目はなめらかなマホガニーの卓の上に見事に立った。時刻は丁度立春のはじまる三日午前十時四十五分であった」そうである。

上海と、ニューヨークと、それに東京と、世界中到る処で成功している。立春の時刻はもちろん場所によって異なるので、グリニッチ標準時では二月三日午後三時四十五分である。それがニューヨークでは三日午前十時四十五分、東京では五日午前零時五十一分にあたるそうである。ところがジャン夫人の実験がそのニューヨーク時刻に成功し、中央気象台では、四日の真夜中から始めて、「用意の卵で午前零時いよいよ実験開始……三十分に七つ、そして九つ、すねていた最後の一つもお時間の零時五十一分になるとピタリ静止した」そうである。こうなると、新聞の記事と写真とを信用する以上、立春の時刻に卵が立つということは、どうしても疑う余地がない。数千年の間、中国の古書に秘められていた偉大なる真理が、今日突如脚光を浴びて、科学の世界に躍り出て来たことになる。

しかし、どう考えてみても、立春の時に卵が立つという現象の科学的説明は出来そうもない。立春というのは、支那伝来の二十四季節の一つである。一太陽年を太陽の黄経に従って二十四等分し、その各等分点を、立春、雨水、啓蟄、春分、清明……というふうに名づけたのである。もっと簡単にいえば、太陽の視黄経が三百十五度になった時が、立春であって、年によって少しずつ異なるが、だいたい二月四日頃にあたる。地球が軌道上の或るその一点に来た時に卵が立つのだったら、卵が三百十五度という数値を知っていることになる。

如何にも不思議であって、そういうことは到底有り得ないのである。ところがそれが実際に世界的に立証されたのであるから、話が厄介である。支那伝来風にいえば、立春は二十四季節の第一であり、一年の季節の最初の出発点であるから、何か特別の点であって、春さえ立つのだから卵ぐらい立ってもよかろうということになるかもしれない。しかしアメリカの卵はそんなことを知っているわけはなかろう。とにかくこれは大変な事件である。

もちろん日本の科学者たちが、そんなことを承認するはずはない。東大のT博士は「理論的には何の根拠もない茶話だ。よく平面上に卵が立つことをきくが、それは全くの偶然だ」と一笑に付している。実際に実験をした気象台の技師たちも「重心さえうまくとれば、いつでも立つわけですよ」とあっさり片づけている。しかしその記事の最後に、「立春立卵説を軽くうち消したが、さて真相は……」と記者が書いているところをみると、記者の人にも何か承服しかねる気持が残ったのであろう。何といっても、五日の夜中の実験に立会って、零時五十一分に十個の卵がちゃんと立ったのを目のあたり見ているのだから、それだけの説明では物足りなかったのも無理はない。

もう少し親切な説明は、毎日新聞に出ていた気象台側の話である。「寒いと中身の密度が濃くなって重心が下がるから立つので、何も立春のその時間だけ立つのではない」というのである。それもどうも少しおかしいので、ニューヨークのジャン夫人の居間なんか、きっと夜会服一枚でいいくらいに暖かくなっていただろうと考える方が妥当である。もう一つはどこかの大学の学部長か誰かの説明で、卵の内部が流動体であることが一つの理由であろうという意味のことが書いてあった。そして立春の時でなくてもいいはずだということがつけ加えられていた。ラジオの説明は、私はきかなかったが、何でも寒さのために内部がどうとかして安定になったためだというのであったそうである。

それ等の科学者たちの説明は、どれも一般の人たちを承服させていないように思われる。一番肝腎なことは、立春の時にも立つが、その他の時にも卵は立つものだよと、はっきり言い切ってない点である。それに重心がどうとかするとか、流動性がどうとか、安定云々とかいうのが、どれもはっきりしていないことである。例えば流動性があれば何故倒れないかをはっきり説明してない点が困るのである。一番厄介な点は、「みなさん、今年はもう駄目だが、来年の立春にお試しになってはいかが」という点である。しかしそういう言葉に怖《おじ》けてはいけないので、立春と関係があるか否かを決めるのが先決問題なのである。それで今日にでもすぐ試してみることが大切な点である。

実はこの問題の解決は極めて簡単である。結論をいえば、卵というものは立つものなのである。朝めしの時にあの新聞を読んで、あまり不思議だったので「おい、卵があるかい」ときいてみた。幸い一つだけあるという話で、早速それをもって来させて、食卓の上に立ててみた。巧く重心をとると立ちそうになるが、なかなか立たない。五分ばかりやってみたが、あまり脚の強くない食卓の上では、どうも無理のようである。それに登校前の気ぜわしい時にやるべき実験ではなさそうなので、途中で放り出して、学校へ出かけてしまった。

この日曜日、幸いひまだったので、先日の卵をきいてみると、まだ大事にしまってあるという。今度は落着いて、畳の上に坐りこんで、毎日使っている花梨《かりん》の机の上に立ててみると、三、四分でちゃんと立たせることが出来た、紫檀まがいのなめらかな机であるから、少し無理かと思ったが、こんなに簡単に立つものなら、何も問題はないわけである。細君も別の机の上に立ててみると、これもわけなく立ってしまう。なあんだということになった。

それにしても、考えてみればあまりにも変な話である。卵というものがいつでも必ず立つものならば、コロンブスにまで抗議をもって行かなければならない始末になる。それでやはりこの頃の寒さが何か作用をしているかもしれないと思って、細君にその卵を固くゆでてみてくれと頼んだ。

ゆでた卵が簡単に立ってくれれば、何も問題はない。大いに楽しみにして待っていたら、やがて持って来たのは割れた卵である。「子供が湯から上げしなに落したもので」という。大いに腹を立てて、早速買いに行って来いと命令した。細君は大分不服だったらしいが、仕方なく出かけて行った。卵は案外容易に手に入ったらしく、二つ買って帰って来た。もっとも当人の話では、目星をつけた家を二軒も廻って、子供が病気だからぜひ分けてくれと嘘をついて、やっと買って来たという。大切な実験を中絶させたのだから、それくらいのことは仕方がない。

今度のは大小二つあって、大きい方は尻の形が少し悪いらしく、なかなか立たない。しかし小さい方はすぐ立たせることが出来た。そこでその方を早速ゆでて貰うことにして、その間に大きい方にとりかかった。なるべく垂直になるように立てて、右手の指で軽く頭をささえ、左手で卵を少しずつ廻転させながら、尻の坐りと机の僅かな傾斜とが巧く折れ合うところを探しているうちに、ちゃんと立ってくれた。十分くらいかかったようである。要するに少し根気よくやって、中心をとることさえ出来れば、大抵の卵は立派に立つものである。

その間にゆで卵の方が出来上がった。水に入れないでそのまま持って来させたので、熱いのを我慢しながら中心をとってみた。すると今度も前のように簡単に立てることが出来た。寒さのための安定云々も、流動性の何とかも、問題は全部あっさり片付いたわけである。念のために殻をとり去って、縦に二つに切ってみた。黄身は真中にちゃんと安座していた。何の変りもない。黄身の直径三十三ミリ、白身の厚さが上部で六ミリ、底部で七ミリ、重心が下がっているなどということもない。要するに、もっともらしい説明は何も要らないので、卵の形はあれは昔から立つような形なのである。この場合と限らず、実験をしないでもっともらしいことを言う学者の説明は、大抵は間違っているものと思っていいようである。

物理学の方では、釣合の安定、不安定ということをいう。釣合の位置から少し動かした場合に、旧の位置に戻るような偶力が出て来る場合が、安定なのである。卵が立っているような場合は、よく不安定の釣合といわれる。しかし物理学の定義では、この場合も安定なのであって、ただ安定の範囲が非常に狭いのである。

物が立つのは、重心から垂直に下した仮想線が、底の面積内を通る場合である。底は下の台に接しているので、台から上向きに物体をささえる力が、その物体に働いて、その力と物体に働く重力とが釣合っているのである。ところで日常生活でわれわれが常識的に使っている安定、不安定という言葉には、安定の範囲という要素がはいっている。物体を少し傾けても、重心から下した垂直線が、底面内を通る範囲内では、旧位置に戻るような方向に偶力が働き、物体はもとに戻る。すなわち安定である。ところがその垂直線が底面をはずれると、偶力はますます傾くような方向に働き、物体は自分で倒れてしまう。重心からの垂直線が底面をはずれる時の傾きが大きい時を安定といい、少し傾いてもすぐはずれてしまう場合を不安定といっているが、これは素人ふうないい表わし方である。本当は安定の範囲が広い狭いという方が、よいのである。ピサの斜塔がよい例であって、土台が悪かったためにあのように傾斜した形で落着いたのであるが、あの程度の傾斜では、重心からの垂直線はまだ充分底面内は通っているので、その形で安定な釣合を保っている。それで少しくらいの地震があっても、倒れることはない。ただあの塔が真直ぐに立っている場合よりも、安定の範囲が狭いだけである。

卵を立てる場合は、この底面積、すなわち卵の殻と台の板との接触している面積が非常に狭い。卵の表面が完全な球面で、板が完全な平面ならば、接触は幾何学的には、ただ一点である。すなわち接触面積はほとんど零といっていい。しかし物理的に考えてみると、卵が立った場合、卵の目方は全部その一点にかかるので、圧力からいうと大変な大きさになる。圧力というのは、目方をそれが働いている面積で割ったものであるから、卵の目方が五十グラムしかないとしても、面積が零に近かったら、圧力は無限大となる。物体に歪《ひず》みを生じさせるのは、力ではなくて圧力である。棒で掌を押してみても何でもないが、それと同じ力で針でつけば、つきささるわけである。それで球を平面の上にのせた場合には、平面の接点付近がその圧力のために少し歪み、球の接点付近もまた少し歪む。そして極めて小さい円形の面積で球の底と板とが接し、その面積で球の目方をささえるのである。

球と平面との接触面積は、球の半径と目方と物質の弾性とによってきまる。球と平面とが同じ物質で、両方とも完全に幾何学的な形をしている場合には、その接触面積は、理論的に計算出来る。それにはヘルツ式というのがあって、すぐ計算が出来る。樫の卓の上に立てるとすると、樫のヤング率は 1.3×10^{11} くらいである。大体の見当をみるのであるから、卵殻の固さも樫と同程度とみておく。卵の目方を五十グラム、底部を球とみなし、その半径を二センチ半として、接触面積を出してみる。簡単な計算ですぐわかることであるが、円の直径は 2.2×10^{-3} センチと出る。すなわち直径百分の二ミリくらいの円形部分がひずんで、その面積で卵をささえていることになる。それで卵の重心から下した垂直線が、その面積内を通れば、卵は立つわけである。問題はそういうふうに巧く中心をとる技術だけにかかることになる。要するに根気よく、静かに少しずつ動かして、中心がとれた時にそっと手を放せばよいのであるが、一ミリの百分の一とか二とかいう精密な調整は、とても人間の手では出来そうもない。

それで次に考えてみるべきことは、卵の表面の性質である。卵の表面は、完全な球面または楕円面でなく、表面がざらざらしていることは誰でも知っているとおりである。百分の一ミリ程度を論ずる場合には、もちろん、このざらざらが問題になる。表面に小凹凸があると、その凸部の三点或いは四点で台に接し、それが丁度五徳の脚のような役目をして卵をささえるはずである。そうすると卵の「底面積」は、相隣る凸部の三点または四点の占める面積になる。理論的には三角形の頂点の三点でよいはずであるが、実際は四角形の四隅の点、或いはもう少し多い点になるであろう。いずれにしてもこの方は前述の百分の二ミリなどという値よりも、ずっと大きくなりそうである。

教室の昼飯の時に、この話を持ち出してみたら、H君が一つ顕微鏡で見てみましょうということになった。H君は人工雪の名手である。顕微鏡の下で雪の結晶を細工するのになれているので、卵の凹凸くらいは物の数でない。さっそく台の上に墨を塗って、その上に卵を立て、卵の尻に黒いマークの点をつけた。そしてそのマークのところで殻を縦に切りその切口を顕微鏡で覗いてみた。

まず驚いたことは、卵の表面の凹凸は、きわめて滑らかな波形をしている点であった。ざらざらの原因であるところの凹部と凸部との高さの差すなわち波の高さは、百分の三ミリ程度にすぎず、それに比して凸部間の距離、すなわち波長は、この卵では十分の八ミリくらいもあった。これで問題は非常にはっきりしたのである。五徳の三本脚或いは四本脚の間隔は、約十分の八ミリであるから、半ミリ程度の精度で中心を巧くとれば、卵は立派に立つわけである。それくらいの精度でよければ、人間の手でも、落着いて少し根気よくやれば、調整が出来るはずである。百分の二ミリでは一寸困るが、この程度ならば大丈夫である。

ところで前にいった、球面と平面とが、弾性的歪みによって接触することは、この凸部と板との接触についてあてはまる。もっとも板の表面の凹凸を考えに入れれば、もう少しむつかしくなるが、そこまで立ち入らなくても話の筋はわかる。すなわち卵の表面の凸部と板とが、直径百分の一ないし二ミリくらいの円で接し、そういう接点が、十分の八ミリくらいの距離で、三点或いは四点あって、卵をささえているのである。

そうすると、卵がどれくらい傾いたら、重心線が底の三点の占める面積をはずれるのか、すなわち卵が倒れるかという計算が出来る。重心の高さを二センチ半として、それが横に半ミリずれる時の傾きは、約一度である。それで一たん立った卵は、一度くらい傾くまでは安定であって、それ以上傾くと倒れるはずである。事実机の上に卵を立てて、ごく静かに机をゆすぶってみると、卵は眼に見える程度に揺れることが認められるが、それでもなかなか倒れない。もっとも少しひどくゆすぶれば倒れることはもちろんである。眼に認められるくらい揺れるというのが、だいたい一度くらいであろう。これで卵の立つ力学はおしまいである。

こういうふうに説明してみると、卵は立つのが当り前ということになる。少なくともコロンブス以前の時代から今日まで、世界中の人間が、間違って卵は立たないものと思っていただけのことである。前にこれは新聞全紙をつぶしてもいい大事件といったのは、このことである。世界中の人間が、何百年という長い間、すぐ眼の前にある現象を見逃していたということがわかったのは、それこそ大発見である。

しかしそれにしても、あまりにことがらが妙である。どうして世界中の人間がそういう誤解に陥っていたか、その点は大いに吟味してみる必要がある。問題は巧く中心をとればというが、角度にして一度以内というのは恐ろしく小さい角度であって、そういう範囲内で卵を垂直に立てることが非常に困難なのである。その程度の精度で卵の傾きを調整するには、十分の一ミリくらいの微細調整が必要である。それを人間の手でやるには、よほど繊細な神経が要ることになる。実は学校へ卵をもって行って、皆の前で立てて、一つ試験をしてみようと思った時は、なかなか巧く行かなかった。夜、落着いて机に向っていて、少し退屈した時などにやれば、わりに簡単に立つのである。

卵を立てるには、静かなところで、振動などのない台を選び、ゆっくり落着いて、五分や十分くらいはもちろんかけるつもりで、静かに何遍も調整をくり返す必要がある。そういうことは、卵が立たないものという想定の下ではほとんど不可能であり、事実やってみた人もなかったのであろう。そういう意味では、立春に卵が立つという中国の古書の記事には、案外深い意味があることになる。私も新聞に出ていた写真を見なかったら、立てることは出来なかったであろう。何百年の間、世界中で卵が立たなかったのは、皆が立たないと思っていたからである。

人間の眼に盲点があることは、誰でも知っている。しかし人類にも盲点があることは、あまり人は知らないようである。卵が立たないと思うくらいの盲点は、大したことではない。しかしこれと同じようなことが、いろいろな方面にありそうである。そして人間の歴史が、そういう瑣細《ささい》な盲点のために著しく左右されるようなこともありそうである。

立春の卵の話は、人類の盲点の存在を示す一例と考えると、なかなか味のある話である。これくらい巧い例というものは、そうざらにあるものではない。ニューヨーク・上海・東京間を二、三回通信する電報料くらいは使う値打のある話である。

（一九四七年二月）

科学の限界

今世紀にはいってからの科学の進歩には、まことに目ざましいものがあった。とくにこの十年以来、その進歩は、一大飛躍をなし、原子力の開放、人工衛星の打ち揚げなど、人類の歴史の上に、金字塔として残る幾多の事業を為しとげた。

こういう華々しい科学の成果に幻惑された人々の中には、あたかも科学を万能のものとする考え方が、次第に一つの風潮となりつつある。そして科学がさらに数段の進歩をすれば、人間のいろいろな問題が、全部科学によって解決される日が来るかの如き錯覚に陥っている人もあるようである。宇宙時代というような言葉が流行し、それが何か人間を変えることのように思われているのも、その一つの現われである。月や火星の景色を見たり、其処にある資源が利用できる日が来ても、それは百年前に、北極や南極へ行ける日を夢見ていたのと、同じことである。今日では、北極へも南極へも、飛行機ならば、文明圏から、十数時間で行ける。しかしその時代でも、人間は、相変らず、戦争や貧困におびえている。

科学が非常に強力なものであることには、誰も異論はない。しかしそれは、科学の処理し得る問題の範囲内での話である。一歩その範囲の外に出れば、案外に無力なものである。科学的とか、科学精神とかいうような言葉が、方々で使われ、人生問題や、政治の問題などにも、よく顔を出している。もちろん正当な意味で使われている場合もあるが、多くの場合は、それ等の言葉は、アクセサリーとして使われている。或いは「科学者の意見」として、ジャーナリズムに担がれている場合もある。

その極端な例としては、この頃、宗教にまで、科学を取り入れようとする宗教家もあるようである。キリスト教では、マリアの処女懐胎が、信仰になっているが、生物学では、そういうことは認められていない。ところが、下等動物では、無性生殖といって、雌だけで子が出来るものもある。そういう知識をとり入れて、マリアの処女懐胎を説明しようとする人にも会ったことがあるが、こういう話は全然間違っている。宗教と科学とは、全く別のものであって、科学といくら矛盾しようが、そんなこととは無関係に存在しているところに、宗教の本質があるのではないかと思う。

宗教に科学的な要素を採り入れようとする考え方の底には、科学の方を、宗教よりも有力なもの、あるいは確実なもののように考えているところがある。より優れたものと思えばこそ、それを採り入れようとするのであろう。

ところが、その逆の場合もある。「科学を窮極のところまで勉強すると、最後は宗教に達するのではないでしょうか」というような質問を時々受けることがある。これも妙な話であって、この考え方では、宗教を科学よりも一段上としているが、これも宗教と科学とを、同一の線の上においている点では、前の考え方と同様であって、これも間違っていると、私は思っている。科学と宗教との間には、優劣とか上下とかいうような関係はないのであって、全く別のものである。従って、両者は比較のできない性質のものである。

あまりうまくない譬《たと》えであるが、自動車とわらじとの優劣を論ずるようなもので、意味のない議論である。良い道路があれば自動車は便利であるが、山道はわらじでなければ通れない。自動車は速いし、また多くの荷物も運べるが、山道をわらじで歩かなければ、決して見られない景色もある。

この譬えは、何も宗教との比較の場合だけに限った話ではない。科学は、人間をも含めた広い意味での自然現象の中から、科学の方法が適用され得る問題を選び出して、それを対象として発達したものであり、今後もその方向に進行すべき性質の学問である。そういう意味で、科学は非常に強力なものではあるが、その適用の範囲には、限界がある。その限界を見極めるためには、まず科学の本質を知ることが必要である。

ところで、科学の本質などというと、非常にむつかしいことのように考えられ易いが、何もそうむつかしいことではない。科学は、ごく平易な意味での真理の学問であって、本当か間違っているかを問題とする学問である。例えば、此処に或る法則があったとして、それが本当ならば、それは科学の法則であり、間違っておれば、法則とはいわれない。ところで、それが本当か否かを、何で判定するかというに、それにはくり返してためしてみるより外に方法がない。誰がそれと同じことをくり返してみても、いつでも同じ結果になる場合に、それを本当というのである。例えば、一番簡単な場合として、手許にある箸の長さを物指で測ったとする、そしてその長さは一九センチ五ミリだという。この場合、その一九センチ五ミリというのが、本当か間違っているかは、もう一度測ってみるより外に方法がない。誰が何回測ってみても、いつでも一九センチ五ミリと出れば、この測定値は本当だということになる。もし世の中に物指が一本しかなくて、それが一度測ればこわれてしまうものだったら、そういう物指で測った長さは、もう一度測ってみてたしかめることができないので、本当か嘘か、決定のしようがない。正確かどうかという問題ではなく、そういう測定は、原則として科学の対象にならないのである。

それで科学が取り扱う真理というのは、いつでもその底に、再現可能という仮定がはいっている。即ち同じことをくり返せば、同じ結果になるということを仮定しているわけである。こういうと、次のような質問が出るかもしれない。同じことをくり返せば、同じ結果になるのは、当然ではないか、同じ結果にならなかったら、同じことをくり返さなかったのである。これは仮定ではなく、公理ではないか、という質問である。如何にももっとものようであるが、それは「同じことをくり返せば」という言葉の魔術にひっかかっているのである。

「同じことをくり返せば」と、口で言ってしまえばそれだけであるが、本当は、同じことをくり返すことが、可能であるか否かを、吟味してみる必要がある。これは深く考えてみる必要もないほどわかり切ったことで、「同じことをくり返す」ということは、実際には、不可能なのである。どんなに条件を一定にしても、少なくも時はちがっている。

一番わかり易い例は、人生であって、これは二度くり返すことが出来ないことは、説明を要しない。しかしもっと簡単な自然現象でも同じことであって、普通には何度でもくり返してためしてみることが出来ると思われていることでも、本当は、全く同じことを二度とくり返すことは出来ないのである。

箸の長さを物指で測るというような一番簡単なことでも、一度目に測った時と、二度目に測った時とでは、条件が違っているので、全く同じことをくり返しているのではない。その間に温度も違っているし、箸の材料である木材は、幾分かは伸縮しているし、物指だって極微量は狂っている。それで二度目の測定は、一度目の測定と全く同じ条件で、くり返して測定しているのではない。ただその差があまりにも極微量であるために、測定の精度の範囲内では、差が出て来ないだけのことである。一九センチ五ミリまでならば、いつでも同じ値に出るが、一ミリの百万分の一くらいまで測れる物指で測ってみれば、そのつどちがうにちがいない。

物理学の方で、今までに知られた一番精密で正確な法則の一つは、ニュートンの万有引力の法則である。この法則に従って、日食や月食を計算すると、百年先の日食が、一秒以内の精度で予言出来る。この万有引力の法則は、地球上で石を落した場合にも適用される。石を或る高さにもっていって、手をはなすと、石は地面へ向って落ちる。これは地球とこの石との間に万有引力が働くからである。

万有引力の法則は、非常に正確なものであるから、一定の高さから石を落すと、一定時間で地面まで落ちる。何度くり返して落してみても、全く同じ時間で落ちる。即ち再現可能であるように見える。しかしそれは普通のストップ・ウォッチなどで測れる範囲内で、いつも同じ値に出るので、少し精密に測ってみると、そのつど違った値になる。それは空気の抵抗があるためである。それでは真空の中で落してみたらどうかというに、これも精度の問題であって、一億分の一秒くらいまで精密に測れる時計で測ったら、一回ごとに違うにちがいない。万有引力が働くのは、石と地球との間だけではなく、月や太陽、その他の天体も、いくらかは作用している。一度目と二度目との間には月や太陽の位置も違っているし、一定の高さといっても、一ミリの一億分の一くらいまでの精度で、高さを決めることは出来ない。それでこういう一番簡単なことでも、同じことを二度くり返すことは、出来ないのである。

しかしそれでは学問のつくりようがないので、自然界の中から、なるべく再現可能に近い現象がないかと探してみる。幸いなことには、いわゆる自然現象は、大部分が再現可能に近いのである。別の言葉でいえば、再現可能という原則の上に立って、学問を組み立てて見ると、かなり良い精度の範囲内で、うまく現象の説明が出来るのである。それを「現象がわかった」という。現象の内容がわかれば、こういうことがあれば、次ぎにはどうなるかという予想が立ち、その範囲内での予言が出来る。また湯気が鉄瓶の蓋をもち上げる力の内容がわかれば、それをどう使えば、機関車を動かすことが出来るかという工夫が立つ。そういう予言や工夫を、人間生活に役立つようにもって来ることが、即ち科学が役に立つこととなるのである。

以上の話で大切なことは、再現可能という原則の上に立って、学問を組み立ててみると、かなり良い精度の範囲内で、うまく説明出来る現象が自然界に多いという点である。しかしこれは全部の自然現象がそうだというのではない。此処で自然現象というのは、前にもいったように、人間なども一つの自然物と見て、その中に含めた広い意味である。

人間を含めた場合は、話がむつかしくなるが、もっと手近な自然現象の中でも、科学の手におえない問題がいくらもある。たとえば、目の高さから一枚の塵紙を落してみる場合、紙は右左にひらりひらりとして落ちて来るが、何度くり返しても、全く同じ落ち方をすることは決してない。それで紙がどういう落ち方をするかを、あらかじめ予言することは出来ない。紙がひらりひらりとするのは、空気中に出来る渦によるので、渦は不安定な現象である。現在の科学は、不安定な現象の解明には役に立たない。人工衛星などは、再現可能の原則がもっとも精密にあてはまる力学の原理によっているものである。それで強力なものであり、実現には非常な困難を伴うが、しかしその困難さは、富士山を掘り崩して、駿河湾を埋め立てる困難さと同じ性質のものである。それに比して、一枚の紙の落ち方が解けないという困難さは、科学の本質から来るものであって、困難さの性質がちがっている。火星へ行ける日が来ても、テレビ塔の上から落ちる一枚の紙の行方はわからないのである。

此処で科学の限界の一つが、はっきりして来たわけである。即ち科学の取扱える問題は、再現可能の原則が近似的に適用される現象に限るということである。物質間に起るいろいろな現象や、生命によって生起されるいろいろな現象のうちでも、物理化学的変化などは、この範囲に属するので、科学の問題であり、そういう問題の解明には、科学は有力である。しかし生命自身とか、本能とか、いわゆる人生問題とかには、再現可能の原則が、近似的にも適用されない。そういう問題には、科学は無力である。というよりも、無縁であるといった方がよいであろう。

今までくわしく述べたように、再現可能の原則は、厳密にいえば、どの現象にも適用されない。ある精度の範囲内で、それは適用されるのであって、精度ということが、科学では本質的な意味をもっている。科学は、ものの本質とか、実体とかを調べる学問であると思われ易いが、本当はそうではない。実体自身は知ることが出来ないので、その中の測定し得る性質だけを知る学問である。いろいろな性質の中で、測定の容易な性質がくわしく測られるのであるが、それでも常に精度の限界がある。長さや目方などが、一番くわしく測り得る性質であるが、それでも天秤にも、顕微鏡にも、精度の限界があって、ある程度以上は測れない。

小さい石ころをとって、普通の棹秤《さおばかり》で測ると、六四グラムと出る。天秤《てんびん》で測ると、六五・二八グラムと出る。精密化学天秤で測ると、六五・二八三五グラムと出る。原子力の研究などで使う特別製の超精密天秤で測ると、六五・二八三五一三グラムと出る。ずいぶんくわしく測ったわけであるが、最後の一三の次ぎがどうなっているかはわからない。今後天秤がさらに改良されて、その先幾桁か測れるようになっても、そのまた先は測れない。要するにものの本体は永久にわからないのである。しかしそれでちっともかまわないので、科学はものの本体を知る学問ではなく、またその必要もない。ある性質について、必要とする精度の範囲内で、その値を知り、その範囲内でこれを利用する学問なのである。こういうふうに、科学はその学問の範囲を、自ら限定したので、今日の発展を来たしたともいえよう。

ものの本体は知らなくてもよいが、なるべく本体に近い値は知る必要がある。即ち精度が高いほど良いことはもちろんである。その方が利用の範囲が広いからである。利用というのは、実用だけでなく、学問の、次の進歩に貢献するという意味も含まれている。

科学の中にはいっている精度の概念は、石ころの目方を測るというような、個々のものについて、精度を高めて行く場合だけに、適用されるのではない。科学が役に立つのは、個々の知識を積み上げ、組織立てて、複雑な現象の解明に資するところにあるが、其処にも精度の概念がはいってくる。

実際にある自然現象、人間も含めての広い意味での自然現象は、非常に複雑であって、その中には、無限に近いほどの多くの要素がある場合が多い。そういう時に、一々の要素についてくわしくその性質を調べ、それを積み上げて、とやっていたら、一つの問題を解くのに、何百年とかかってしまう。それでも解けない場合が多いであろう。

そういう努力は、結局、ものの本体を知ろうとする努力と、一脈通じたものになる。科学は、本体を知ろうとしてはいけないので、処理し得る性質を、近似的に知るだけで満足しなければならない。この場合、近似の度が高いほど良いことは、もちろんである。

こういう複雑な現象、それが現実の世界では大部分であるが、それを処理するには、一つの方法がある。それは統計的な方法と呼ばれているものである。個々の性質には立ち入らないで、ある群を、群全体として取扱い、その方法の範囲内で得られる知識だけで満足する、というやり方である。もちろん、すべての性質はわからないが、ある性質だけでもわかって、それが役に立てばよいのである。

例えば、人間の寿命は、個人個人については、なかなか決められない。現在の医学では、全然わからないといってよい。しかし生命保険会社が、保険料の率を決めるには、現在の日本人が、年齢別に、どれくらいの死亡率になっているかを知る必要がある。保険料をあまり安くすると損をするし、高くすると、儲かりすぎて困る。

それで死亡率をちゃんと調べ、三十代の人ならば、一万人について何人の割合、四十代の人ならば何人というふうに調査して、保険料を決める。そして実際に経営してみると、大体計算どおりに死ぬので、適当に儲けて経営が成り立つのである。この場合、誰が死ぬかということは知る必要がないので、全体として、何人死ぬかがわかれば、それでよい。それで保険会社には、こういう統計的な方法が、非常に役に立つ。

しかし個人の家については、家の者が死ぬか死なないかが、大問題であって、よその家で、一万人に何人の割合で死のうが、死ぬまいが、大した関心はもたない。要するに、科学と一口に言っても、問題によって、方法をちがえなければならない。

ところで、科学を実際に使おうとすると、統計的方法が適用される場合が非常に多い。それに群全体としてみると、科学の適用可能な範囲が広げられるという利点がある。例えば薬の効き目などというものも、人間が一人だけいて、一回だけ病気する場合は、効き目の判定のしようがない。薬を飲んで治った場合、飲まなくても治ったかもしれない。飲んでも死んだ場合、飲まなくてもやはり死んだかもしれない。一人の人間について、飲んだ場合と、飲まなかった場合とを、同時にためしてみることが出来ないので、判定のしようがない。即ち、こういう場合には、科学が適用されないのである。

普通ある薬が効くというのは、何回もくり返してみて、いつでもその薬を飲んだ時には熱が下がる、というような場合をさしている。此処にも、何回もくり返すという、即ち再現可能の原則がはいっている。もちろん一度目と二度目とでは、身体の調子が少しちがっているから、厳密な意味でのくり返しではない。しかし近似的に再現が可能なので、科学が適用されるのである。ところが効き目といっても、厳密なくり返しではないから、そのつど、効きぐあいが少しちがう。しかしこの場合にも、前述の精度の概念が適用出来るので、十回中九回まで治る薬の方が、十回中六回治る薬よりも、精度が高い、即ち良い薬なのである。

一人の人間の場合だと、何回もくり返してみなければならないが、この時間的系列を、一度でためしてみることも出来る。それには大勢の病人に、同時に、ある薬を飲ませてみればよい。これだと一回で判定が出来る。一〇〇人中九〇人も治ったら、たしかに効いたと言ってよい。甲乙二つの薬を、二つの群に飲ませて、甲は一〇〇人中九九人治り、乙は一〇〇人中六五人治ったとしたら、甲薬の方が精度が高い。個人でなく、群として取扱うと、一回だけの試験で、こういう判定が出来、精度もわかる。即ち一回の場合にも統計が適用出来るのである。この場合は、百人の人に一回施行することによって、一人の人に百回くり返すことの代用をつとめさせたので、やはり近似的に再現可能という原則がはいっている。

しかしこれは群として取扱っているので、その結果は、統計的なものしか得られない。即ち、九九パーセントまで効くか、六五パーセントしか効かないか、ということしか言えない。百人のうちの誰が治り、誰が治らないということはいえない。しかしそれでも充分役に立つので、九九パーセント効く薬ならば、それは良薬として推奨しなければならない。

ところで、極端な場合として、一〇〇人中九九人は治るが、一人は死ぬという薬は、どう扱うべきか、という問題が出て来る。九九パーセント効くのであるから、その点では名薬である。しかし死んだ一人の人にとっては、一パーセント死ぬのではなく、まるまる死ぬのである。その人にとっては、この薬は非常な悪薬である。それならば、販売を禁止すべきかというと、そうとも言えないところに問題がある。

ペニシリンのショック死が、その良い例である。死んだ人には非常に気の毒であり、また一人の人間の生命は、全地球よりも尊い、というのも、そのとおりである。しかしそれならば、ペニシリンの販売を禁止すべきかというと、それは間違っている。ペニシリンは非常な名薬で、この薬の出現以来、肺炎の死亡率が激減している。肺炎で死ぬ人が日本に何人あったか知らないが、かりに十万人あったとして、死亡率が半減すれば、五万人は助かることになる。ペニシリンのショックを恐れて、販売を禁止し、肺炎による死亡率がペニシリン出現以前の値に戻ったとすると、一人の人の死を防ぐために、五万人の人間を殺すことになる。ペニシリンを使わなかったために、肺炎で死ぬ人は、ショック死ほどはっきり目立たないので、見逃され易いが、計算からは、こういうことになる。

そうかといって、死んだ一人の人にとっては、その生命は、全地球よりも尊い。ここに深い矛盾があるのであって、この場合、科学としては、九九パーセントの方を選ぶより仕方がないのである。科学というものが、その本質上再現可能の原則の上に立ち、その役目には統計的な意味しかないのであるから、せいぜい統計上の「精度」を高めるよりほかに道がない。

科学の効果には、統計的な意味しかない、というのが、科学の限界についての後半の説明である。科学がこういうものだとすると、科学的な考え方は、政治には適用される。最大多数の最大幸福というのは、統計的なものであるから。しかし個人の幸福という問題になると、再現可能の原則が、全然あてはまらない面が、かなりの部分を占めているので、その面へは、科学は無力である。そこに残された広い分野がある。

宗教や芸術や哲学のことはよく知らないが、たぶんこの残された分野の中に、それ等の働く場所があるのであろう。そうすると、科学とそれ等の人間の精神活動とは、人間の精神生活の両面であって、お互いどうしは無関係であるが、人間を通じて、それは融合すべきものではないかと思う。従って科学と宗教や芸術とは、初めから両立すべきもののように思われる。

（一九五八年七月）

詩と科学　他八篇

湯川秀樹

■ゆかわ・ひでき　一九〇七〜八一　理論物理学者　ノーベル物理学受賞
東京都生まれ。主な作品『目に見えないもの』『旅人』
初採録　詩と科学「中等新国語 三 新版」（光村図書出版、一九五八年）
原子と人間「国語 文学編 二」（中教出版、一九五二年）
科学と環境「中等国語 三」（三省堂、一九六二年）
目と手と心「新生国語読本 一上」（冨山房、一九四九年）
単数と複数「新国語 中学校第三学年用 六」（二葉、一九五〇年）
具象以前「中学校国語 三」（学校図書、一九七二年）
創造性の尊重「中等新国語 三」（光村図書出版、一九七八年）
少数意見「新編新しい国語 二」（東京書籍、一九七八年）
アインシュタイン先生の想い出「新版標準中学国語 二」（教育出版、一九七二年）
底　本　『湯川秀樹選集』第一〜第三巻（甲鳥書林、一九五五年）
上記以外のものは文末に明記

詩と科学——こどもたちのために

詩と科学遠いようで近い。近いようで遠い。どうして遠いと思うのか。科学はきびしい先生のようだ。いいかげんな返事はできない。こみいった実験をたんねんにやらねばならぬ。むつかしい数学も勉強しなければならぬ。詩はやさしいお母さんだ。どんな勝手なことをいっても、たいていは聞いて下さる。詩の世界にはどんな美しい花でもある。どんなにおいしい果物でもある。

しかし何だか近いようにも思われる。どうしてだろうか。出発点が同じだからだ。どちらも自然を見ること聞くことからはじまる。薔薇《ばら》の花の香をかぎ、その美しさをたたえる気持と、花の形状をしらべようとする気持の間には、大きな隔りはない。しかし薔薇の詩をつくるのと顕微鏡を持ち出すのとではもう方向がちがっている。科学はどんどん進歩して、たくさんの専門にわかれてしまった。いろんな器械がごちゃごちゃに並んでいる実験室、わけの分らぬ数式がどこまでもつづく書物。もうそこには詩の影も形も見えない。科学者とはつまり詩を忘れた人である。詩を失った人である。

そんなら一度うしなった詩はもはや科学の世界にはもどって来ないのだろうか。詩というものは気まぐれなものである。ここにあるだろうと思って一しょうけんめいにさがしても詩が見つかるとは限らないのである。ごみごみした実験室の片隅で、科学者は時々思いがけなく詩を発見するのである。しろうと目にはちっとも面白くない数式の中に、専門家は目に見える花よりもずっとずっと美しい自然の姿をありありとみとめるのである。しかしすべての科学者がかくされた自然の詩に気がつくとは限らない。科学の奥底にふたたび自然の美を見出すことは、むしろ少数のすぐれた学者にだけ許された特権であるかも知れない。ただし一人の人によって見つけられた詩は、いくらでも多くの人にわけることができるのである。

いずれにしても、詩と科学とは同じ所から出発したばかりではなく、行きつく先も同じなのではなかろうか。そしてそれが遠くはなれているように思われるのは、途中の道筋だけに目をつけるからではなかろうか。どちらの道でもずっと先の方までたどって行きさえすればだんだん近よって来るのではなかろうか。それぱかりではない。二つの道は時々思いがけなく交叉することさえあるのである。

（一九四六年十二月）

原子と人間

人間はまだこの世に生まれていなかった
アミーバもまだ見えなかった
原子はしかし既にそこにあった
水素原子もあった
ウラン原子もあった
原子はいつできたのか
どこでどうしてできたのか
誰にもまだよくわからない
兎に角そこには原子があった

原子は絶えず動きまわっていた
長い長い時間が経過していった
水素原子と酸素原子がぶつかって水ができた
岩ができた
土ができた
原子が沢山集って複雑な分子ができた
いつのまにかアミーバが動きだした
しまいには人間さえも生れてきた
原子はその間も絶えず活動していた
水の中でも土の中でも
アミーバの中でも
そして人間の身体の中でも
人間はしかしまだ原子を知らなかった
人間の目には見えなかったからである
また長い時間が経過した
人間はゆっくりゆっくりと未開時代から脱却しつつあった

はっきりとした「思想」を持つ人々が現われてきた
ある少数の天才の頭の中に「原子」の姿が浮んだ
人々が原子について想像を逞しくした時代があった
原子の姿が見失われようとする時代もあった
人々が錬金術にうき身をやつす時代もあった
そうこうする中にまた二千年の歳月が流れた
「科学者」と呼ばれる人達が次々と登場してきた
原子の姿が急にはっきりしてきた
それがどんなに小さなものであるか
それがどんなに速く動きまわっているか
どれだけ違った顔の原子があるか
科学者の答は段々細かくなってきた
彼等は次第に自信を増していった
彼等は断言した
「錬金術は痴人の夢だ
原子は永遠にその姿を変えないものだ

そしてそれは分割できないものだ」
かくて十九世紀も終ろうとしていた
この時科学者は誤りに気付いた
ウラン原子が徐々に壊れつつあることを知ったのだ
人間のいなかった昔から少しづつ壊れつづけていたのだ
壊れたウランからラヂウムができたのだ
崩壊の最後の残骸が鉛となって堆積しているのだ
原子は更に分割できることを知ったのだ
電子と原子核に再分割できるのだ
やがて二十世紀が訪ずれた
科学者は何度も驚かねばならなかった
何度も反省せねばならなかった
原子の本当の姿は人間の心に描かれていたのとはすっかり違っていた
科学者の努力はしかし無駄でなかった
「原子とは何か」という問に今度こそ間違のない答ができるようになった

「原子核は更に分割できるか
それが人間の力でできるか」
これが残された問題であった

この最後の問に対する答は何であったか
「しかり」と科学者が答える時がきた
実験室の片隅で原子核が破壊されただけではなかった
遂に原子爆弾が炸裂したのだ
遂に原子と人間とが直面することになったのだ
巨大な原子力が人間の手に入ったのだ
原子炉の中では新しい原子が絶えず作り出されていた
川の水で始終冷していなければならない程多量の熱が発生していた
人間が近よれば直ぐ死んでしまうほど多量の放射線が発生していた
石炭の代りにウランを燃料とする発電所
もう直にそれができるであろう
錬金術は夢ではなかった

人工ラヂウムは天然ラヂウムを遥かに追越してしまった
原子時代が到来した
人々は輝しい未来を望んだ
人間は遂に原子を征服したのか
いやいやまだまだ安心はできない
人間が「火」を見つけだしたのは遠い遠い昔である
人間は火をあらゆる方向に駆使してきた
しかし火の危険性は今日でもまだ残っている
火の用心は大切だ
放火犯人が一人もないとはいえない
原子の力はもっと大きい
原子はもっと危険なものだ
原子を征服できたと安心してはならない
人間同志の和解が大切だ
人間自身の向上が必要だ

世界は原子と人間からなる
人間は原子を知った
そこから大きな希望が湧いてきた
そこにはしかし大きな危険もひかえていた
私どもは希望を持とう
そして皆で力をあわせて
危険を避けながら
どこまでも進んでゆこう

（一九四七年三月）

土の上に少し頭を出した岩。その根がどんなに深く、どんなに大きなものであるか。それを教えて呉れるのが科学である。それならば科学は自分の手だけで、この岩を掘り起すことが出来るであろうか。私はこんな問を発して見た。そして次のような答えを得たのである。

住み馴れた家、普段の着物、日々の食物。毎日同じような生活が繰返される。吾々はこれを当り前のことと思って暮す。吾々がおかれている「環境」を深く反省しない。引越しをする、旅行をする、着物が新しくなる、食物が変る、乗物が急に不便になる。こんな時に初めて吾々は自分の環境を見直す。注意深く観察すれば、吾々の環境は始終変化している。決して全く同じことの繰返しではない。ただその変化が余りに微少であり、余りに緩慢であるために、それが見逃されているだけである。日も月も多くの星も皆、毎日同じように東から西へと廻る。併しその運行の模様は全く同一ではない。徐々なる変化が不断に行われているのである。このことに気が附いた注意深い古代人。天文学がそこから芽生えた。

春から夏、夏から秋への季節の変り目。急に暑くなる。急に涼しくなる。こんな時はすべての人が否応なしに環境の変化を知覚し、それに順応しようとする。夏の盛り、毎日同じように暑い日が続く。正確にいえば併し、最高気温は少しづつ異なる。蒸暑い日もある、からっとした日もある。気温の僅かな変化。湿度の少しの増減。これを精密に測定しようとする試み。それはやがて気象学へと発展して行く。われわれの環境を正確に知ろうとする努力。そこに科学の母胎がある。人間の特殊な環境、それが科学の生れ故郷であった。しかし科学は成長するに従ってその故郷から遠く離れて行った。吾々の狭い生活範囲、特殊な境遇から離れて、もっと広い「自然」の姿を知ろうとした。天文学や気象学は純粋な物理学へと変貌して行った。

物理学の目標とするところは、吾々が地球という遊星の表面上の特定の位置にいるという特殊な条件に無関係に成立する自然の法則を知ることであった。「自然」は最早、吾々の「環境」ではなかった。「外界」でさえもなかった。吾々の肉体も自然の法則に支配されているという意味において、自然の一部に過ぎなかった。吾々の環境は吾々をも含んで、完全に客観化されてしまった。この客観に対する主観。それは哲学の対象であっても最早物理学の対象とはなり得なかった。

着物を着る、家を建てる、野菜を作る、家畜を飼う。全て環境を良くしようとする努力である。新しい環境を創り出そうとする人間の営みである。技術とか産業とか文化とか呼ばれるものがそこから成長する。

吾々の手近にある石。その形を変えて石器を作る。火が見附けられる。火の力によって、自然の中から様々な見知らぬ物が採り出される。金や銅や鉄が生産される。物の変化を究めようとする努力。それはやがて化学へと発展して行った。近代化学の世界。そこではある化合物の性質は、どんな元素がどんな風に結びついて出来たものであるかによって定まる。それがどんな山の中にあるか、身近の土の中にあるか、あるいは遠く海外から持って来たものであるかには関係しない。化学の力によって創り出された様々な化合物。この地上には一寸見当らないような物。それ等が地上の生活を改善するのにどんなに役立つことか。

物理学が見つけ出した自然の法則。それはわれわれの周囲にかくれている様々な自然の力をあらわにした。人々は様々な形の動力を利用することを知った。科学はより普遍なもの、より抽象的なものへと進んで行くと同時に、決してその故郷を忘れていたのではなかった。屢々そこに立戻った。そしてその度ごとに大きな福利を齎らした。より遠く行くほど、より大きなものを持ち帰って来た。人間の環境はより良く知られ、より良くなって行った。広く且つ深い科学の源泉から湧き出る力によって、技術も産業も文化も更に発展して行った。

暴風雨、雷鳴、地震。吾々を囲繞する自然の突然の変異。それは多くの人間の生命にも関する環境の変化であった。それは併し大きな自然に取っては、極く僅かな局部的変化に過ぎなかった。自然の大きな力に対する驚異。それは古代の人々の思考力を刺戟した。自然の本質は一体何であるか。この疑問に対する解答が「神話」であった。近代の人々はこの神話を「科学」で置き換えることに成功した。

現実の世界を包含し、それより更に大きな可能の世界の存在を示した点に於ては、科学と神話は似ていたかも知れない。併し可能の世界と現実の世界との内的連関を明かにし、後者から前者に到達すべき手段方法を的確に示した点に於て、更に実際その一部を実現せしめ得た点に於て、科学は神話と全く異なる新しい力であった。

科学はしかし万能であるべく余りにも未熟であった。最大の弱点は可能な現象を実現するに必要な手段方法を自分自らの手で供給し得なかったところにあった。なるほど科学の対象は吾々の特殊な環境を超越していたかも知れない。併しその研究には矢張り地上の物が必要であった。機械を構成する特殊な材料。それは地球上の特定の地域にしか存在しない場合もあったであろう。機械を動かすに必要な動力。それも矢張り特殊な環境の下にしか得られぬものであったかも知れぬ。元素と化合物。その離合集散を支配する法則。それは普遍的な妥当性を持っていたでもあろう。併し特定の元素、特定の化合物は特定の地域からしか産出しなかったかも知れぬ。それ等を採掘し、運輸する作業。そこには科学以外の力も必要であった。技術や産業の力でも未だ足りなかった。科学の進展は結局に於て国力の反映であった。科学が吾々の身近な世界へと立戻って来たのは、ただ吾々に恩恵を与えるためばかりではなかった。科学自身の発展のためにも、常に現実の世界に確かな地盤を持たねばならなかったのである。

特殊な物質への依存、近代の物理学は半ば無意識的にこれからの脱却を志した。そして化学の分野へと進んで行った。原子物理学。そこでは先ず、あらゆる物質に共通な電子が取り上げられた。電子に関する限り吾々は特定の物質に局限されない筈であった。しかし諸元素の本質を規定するもの、それは電子でなく、原子核であった。原子核物理学がやがて発達した。中世紀以来の夢、元素の転換が実現せられた。あらゆる物質が数種の素粒子の結合体に帰着することを知った。宇宙線、それはこれ等の素粒子そのものであった。

この様にして人間の創り変えた物。それは併し余りにも微量であった。元素転換の実験に必要な物。たとえばサイクロトロン、それは矢張り地上の特殊な「物」である。必要な動力、それは矢張り電力の形として外から供給せねばならぬ。現代の錬金術、それはまだ余りにも能率の低い工業である。

原子核内に蓄えられている莫大なエネルギー源。それが動力として活用されるまでには吾々は長い間待たねばならぬであろう。それ等を調達するものは技術の力、産業の力であり、また何物にもまして国家であり、国家間の協力である。

今日の科学は岩の根がどんなに深いものであるかを知っている。併しまだ自分の手だけでこれを掘り起すことが出来ないのである。原子核物理学の発達。宇宙線研究の進展。そこに光明がある。そこに希望がある。そこから大きな福利が人間世界に齎らされるであろう。遠くに行こうとするものには併し、大きな準備が必要である。それは少数の科学者の力だけでは出来ない。科学が技術や産業と一体となった時、初めてより大いなる発足があり得るのである。

（一九四一年九月）

目と手と心

人間が「物」を造るには必ず「手」を使う。手によって物の形を変える。そこに吾々の役に立つ物が出来上る。或る場合には、出来上った物自身を道具として更に別の物が造り出される。それが又道具となる場合さえある。道具が複雑化すれば機械となる。そして我々の手によって直接造り得る物とは比較にならぬほど大きなもの、精巧なものが機械によって容易に造り出されるのである。

併しながら道具や機械がどんなに進歩しようとも、それが手の延長であり手によって操り得るものである限りに於て、ある種の制約を免れることは出来ないのである。それは第一に形のあるものでなければならない。しかもそれは手で動かしても容易に形が崩れたり壊れたりしないほどに丈夫でなければならない。即ち物理学でいう所の「固体」でなければならない。複雑な機械となれば、単一な固体でなく、多くの固体が特定の仕方で連結されねばならぬことは勿論である。いずれにしても「技術」といわれるものは、常にこのような一定の形と強さを持った機械を不可欠の要素としていることは、改めていうまでもないであろう。

所が物の形を変えて新しい物を出すという仕事には、もう一つの不可欠の要素がある。それはいうまでもなく、物を動かすのに要する「力」である。手の指先の器用さと同時に、腕の筋肉の力が必要であったのである。夫々の機械に何等かの形で動力が補給されねばならない。それは或は蒸気の膨脹する力であり、ガスの爆発の力であり、電気の力であった。併しながら力自身は本来形のないものである。ただそれが形のある物に伴っているが故に、我々はこれを制御し得たのである。高所から落ちて来た水自身が運動のエネルギーを持っていたが故に、それを電力に変えることが可能であった。電力そのものも亦、それが「針金」という固体の中を流れる電流という形に於て、初めて人間の手で操り得たのである。空間を伝わる電波はアンテナによって捕えられて初めて有用となるのである。

このようにして人間が色々な形の力を利用して、様々な物を造り出すに当って、直接相手としているのは、常に固体又は固体の連結したものとしての機械であり器具である。しからばそれ等を造り出す材料となっている物自身は、一体どこから得たのであるか。

それは何等かの形で初めからそこにあったのである。人間のいるといないとに拘わらず、自然物として存在していたのである。物を造るのに必要な動力はどこから出て来たのであろうか。それも勿論、自然が本来持っていた力以外の何物でもない。現に自然自身が我々の存在すると否とに拘わらず、自分自身の中に包蔵する力によって、不断にその姿を変えつつあるのである。山上の土は絶えず雨水によって平地へ運ばれているのである。動物や植物が数限りなく出来ては無くなって行くのである。

この休止することを知らぬ自然自身は一体誰が造ったものであるか。造り手の姿はどこにも見えないが、人間との類推によって造物者を想像することは勝手である。併し造物者は人間の様に「手」を持って物を造りはしないのである。特別な道具、特別な機械を使うのではないのである。文字通り自然に物の姿が変り、物が出来上って行くのである。「天道《てんどう》不言而《いわずして》品物《ひんぶつ》亨《とおり》歳功《さいこう》成《なる》」という言葉の通りである。人間自身の肉体も亦自然の所産として、道具を使わずして造られたものである。肉体の一部である所の手自身は、決して固体としての道具ではないのである。

造物者が手を使わなかったとするならば其代りに使った物は何であったか。人間との類推によって造物者の心を想像する事も勝手である。その心は併し人間よりも遥かに理性的なものである。自然は自分自身の規則を持っている。そしてそれから逸脱した振舞をする事は決してないのである。自然力の発現、自然の姿の変化は、すべて自然が自ら定めた規律に忠実である結果として生れて来たものである。造物者は他を動かす「手」を持たない、造物者自らの「心」に従って自ら変化して行くのである。

しからば造物者の心は何によって知り得るであろうか。人間の心は果して何等かの仕方でこれと共感し得るのであろうか。これに対して解答を与えるものは「科学」である。科学は現に自然自身が遵奉している様々な規則を見つけ出しているのである。如何なる方法によって之を見つけ出したのであるか。恰かも目に見える顔形を通じてその人の心を察し得るがごとく、目に見える自然の姿を通じて造物者の心を察し得たのである。物を造るのに「手」が必要であったのと同じ程度に於て、物を知るには「目」が必要であった。併しながら目が単なる肉眼に止っている間は自然の表層しか見ることが出来なかった。顕微鏡が発明され、エックス線発生装置が考案され、それによって肉眼が補強されて、初めて自然の本当の心を見抜くことが出来たのである。所がそれ等は又、すべて人間の手によって造り出された「機械」であった。ここでも機械が人間と自然とを結ぶ殆んど唯一の通路として横わっているのを見出すのである。併しそれは決して孤立しているのではない。形ある物としての機械の背後には目に見えない自然力があり、物も力も不動の自然法則に従って変化して行くものであることを忘れてはならないのである。

（一九四三年一月）

単数と複数

日本語では単数と複数の区別が明瞭でない。「犬がいる」という場合、一匹なのか何匹もいるのか曖昧である。ヨーロッパの言葉を学んだ人々は、――特にそれらの言葉を翻訳しようとする場合に――在来の日本語に不便を感じ、「それ」と「それら」、「彼」と「彼ら」などをはっきりと区別して使うようになってきた。ただし単数でも複数でもどちらでもよいという場合には、日本語の方がかえって便利である。「犬は動物である」といえばすむところを、ヨーロッパの言葉であれば冠詞をつけるか、複数にするか、どちらにせよ犬という名詞に何かの限定を与えなければならない。しかしこのような一得一失はあるにしても、多くの場合において単数か複数かがわかっている方が叙述が正確になることは否定できない。

そんなら日本語ではどうして単数と複数の分化が充分行われなかったのか。これは専門家にうかがわねばならぬ問題であるが、私の素人考えでは、「複数」が私どもの生活ないし思考において重要性を持っていなかったために、文法的に独立した地位を占めるにいたらなかったのではなかろうかと思われる。日本語では男性と女性の区別もヨーロッパの言葉ほど著しくないのであるが、これも女性が社会生活において男性と対等の地位を占めるにいたらなかったことと、密接な関係がありそうに思われる。このことを逆にいえば、「犬がいる」という場合、たいていは一匹の犬がいることを意味していると了解してよかったのである。「人」という場合、それは一人の人間であると同時に、男性でもあることが暗黙の中に認められている場合が多かったのである。

男性女性に関しては、誰の目にも明らかないろいろな社会現象があるから、ここで改めて論ずる必要はない。単数・複数に関しては、今まであまり注意されていないようであるが、やはりいくつかの社会現象をあげることができる。その中の一つはスポーツである。スポーツといえば野球でも庭球でもみな西洋から輸入されたものであるが、これを日本に在来からあったいろいろな競技とくらべて見ると、その「複数性」が著しく目立つのである。例えば野球にしても、九人集まらなければ一チームができないばかりでなく、九回の表裏を繰返して初めて一ゲームが終るのである。そしてその間に二つのチームがそれぞれ獲得した点数の総和を比較することによって勝敗をきめるのである。さらにリーグ戦といわれるものになると、何十回という試合を繰返した結果によって、チームの順位を決定する。その趣意はできるだけ多数回試合を繰返すことによって、一回一回の試合にあらわれる偶然的なかたよりを消去して、各チームの順位と真の力量と思われるものとの間の食違いをできるだけ少なくしようとするところにあるであろう。別の言葉でいえば各チームの力量を大きな数字によって近似的に表現しようというのである。それればかりではない。各選手の優秀性をできるだけ明確にかつ客観的に表わすためにも、多くの試合を通じての打撃率のごとき細かい統計的な数字が算出されるのである。

日本人に長い間愛好されて来た武芸においてはこれと対蹠《たいせき》的な方法で勝敗が決定される。宮本武蔵が佐々木巌流を一撃で打倒したごときは、最も極端な一例であろうが、とにかくスポーツがあらゆる点において著しく複数的であるのに対して、日本固有の諸競技がはるかに単数的であることは争うことのできない事実である。複数的であるということはこの場合、それが統計的平均的な性格を持つことを意味している。一回一回としての成功や失敗よりも全体として勝率が問題となるのであるから、根気とか体力とか周到な計画とか細かい打算とかが重要になってくる。これに反して一回きりの勝負にすべてを賭けるとなると、平均的な力量だけでなしに——というよりも自己の全力量をある短かい時間に発現するために——注意力の集中とか度胸とかいうようないわゆる「精神力」が非常に大切になってくる。そしてそこには何か運命的あるいは偶然的なものが強く支配しているように感ぜられるのである。もちろん西洋でも騎士の武芸の試合が盛んであった時代もあるし、今日でも拳闘やギリシャからの伝統を受けつぐ陸上競技のようなものは比較的に単数的な性格を持っているが、それでもやはり一回きりというせっぱ詰ったものではない。殊に陸上競技や水泳などでは、単に相手に打勝つというだけでなく、正確な数字で表わされるレコードによって世界的な客観性を持った技量の判定が行われるのである。人間が多数集って社会を作っている以上、その中で行われる公開的な競技が、だんだん複数的な性質を強くしてゆくのは、けだし自然の勢いであろう。今日スポーツがわが国の若い人々によって非常に愛好されるのも、一つにはその複数性に伴う合理性と、——スピードと両立し得る——「ゆとり」とにもあるであろう。

ところで人間が勝負事や賭け事を愛好する最も重要な理由は、いうまでもなくその結果をあらかじめ確かに知ることができないことにある。技量が劣っていても、ひょっとすると勝つかも知れないという可能性があればこそ、やる人にも見る人にも面白なるのである。何度も何度も試合をして統計的な数字によって優劣をきめることになると、このような偶然性に基づく興味は減殺されるのを免がれない。しかし時間や体力の制限のためにある限られた回数以上試合を繰返すことは不可能であるから、真の力量と推定されるものからのある程度の偶然的かたよりが常に残る可能性があるばかりでなく、試合の進行の途中においては充分スリルを感じ得るのである。個々の現象に対するある程度の偶然性と、同様な現象の多数回の繰返しによる、ある法則への近接の可能性という二つの側面が互いに相補って尽きることのない興味の源泉となるのは、ひとりスポーツに限ったことではない。独立の個性と人格とを持った人間が秩序ある社会を構成しつつ、創造的進化を遂げるところに私どもの生きがいがあるのである。そしてこのことは人間社会を包む自然的世界がその根底において偶然性と必然性の両面をそなえていることと密接な関係を持っているのではなかろうか。別の言葉でいえば私どもの生きている世界は、単数性と複数性の微妙な結合の上に成り立っているということができるのではなかろうか。

（一九四七年十二月）

具象以前

人生の最も大きな喜びの一つは、年来の希望が実現した時、長年の努力が実を結んだ時に得られる。私のような研究者にとっては、長い間、心の中で暖めていた着想・構想が、一つの具体的な理論体系の形にまとまった時、そしてそれから出てくる結論が実験によって確証された時に、最も大きな生きがいが感ぜられる。しかし、そういう瞬間は、私たちの長い研究生活の間に、ごくまれにしか訪れない。私たちの人生のほとんど全部は、同じようなことのくりかえし、同じ平面の上でのゆきつもどりつのために費やされてしまう。日々の努力によって、相当前進したつもりになっていても、ふりかえってみると、結局、同じ平面の上の少し離れたところにきているに過ぎないことを、あまりにもしばしば発見する。一つの段階からもう一つ上の段階に飛びあがれるのは、それこそ天の羽衣がきてなでるほどに、まれなことである。

そんなら人生の大半は、小さくいえばその人の個人としての進歩・飛躍、大きくいえば人類の進歩・飛躍とは無関係な、エネルギーの消費に終始しているのであろうか。決してそうではないように思われる。むしろムダに終わってしまったように見える努力のくりかえしの方が、たまにしか訪れない決定的瞬間より、ずっと深い大きな意味を持つ場合があるのではないか。ずっと若いころの私は「百日の労苦は一日の成功のためにある」という考えに傾いていた。近年の私の考え方は、年とともにそれとは反対の方向に傾いてきた。それに伴なって、真理の探求の道を歩いた多くの科学者に対する私の評価も、昔と今とで大分違ってきた。

ある科学者が画期的な発見をするとか、基本的に新しい着想から出発した、ある学説を提唱するとかした場合、私たちはもちろん、その学者を高く評価する。一言にしていえば、科学者をその業績によって評価する、それは確かに公正な態度である。どんなにその学者が苦心さんたんしたにせよ、そこから独創的な業績が生まれなかったら、多くの場合、私たちはその人の価値を認める正当な理由を持ち得ないであろう。それはそうに違いない。しかし同時にそれは、外から見た時の、やや離れて見た時の評価でもある。

ところで、私たちは自分以外の学者の大多数が、どういう苦労をしているか、何に苦労をしているかを知らない。自分の身近の少数の学者について、あるいは遠くにいる学者がある大きな成功を収めた場合についてだけ、それらの人々の苦心を知らされたり、関心を持ったりするのである。一人の人間の能力はきわめて限られている。自分以外の多数の人たちの苦労に一々関心を持っていたのでは、自分自身が失われてしまうであろう。それもその通りである。

しかし、それにもかかわらず、私は近来、外から見て、離れて見て、ある人の評価をするだけではいけないということを、ますます強く感じるようになってきた。ある人が何のために努力しているか、何を苦労しているかという面を、もっと重要視しなければならないと思うようになってきた。天の羽衣がきてなでるという幸運は滅多に来ない。一度もそういう幸運に恵まれずに一生を終わる人の方がずっと多いであろう。しかし、だからといって、そういう人の人生は無意味であったとは限らない。他人は知らなくても、その人自身は何かについて苦心をしつづけていたかも知れない。その「何か」が重要なことであったかも知れない。「どんな風に」苦心したかが重要であったかも知れない。

絵をかく人は、絵になる以前のイメージを自分の中で暖ため育ててきたであろう。彫刻家は素材を前にして、まだ現実化されない理想的な形態を思い浮かべているであろう。科学者の研究が一応完結するまでに、一編の論文となるまでに、どんなに長い間、生みの苦しみをつづけてきたのか。ついに絵にならない場合、ついに彫刻が完成しない場合、論文が出版されない場合、それがどんなに多いか。外から離れて見る者にはわからない。いわばそれは具象以前の世界である。混沌から、ある明確な形態をもった物が生まれるより以前の世界、生まれようとしている世界である。その人自身にとって、また深い関心をもって、その人の世界を知ろうとする人にとって、それは無意味な世界ではない。

科学文明の発達の結果として、情報伝達の方法が急激に変化してきた。新聞・ラジオ・テレビ等を通じて、私たちに与えられる情報が、ますます重要となり、私たちに圧倒的な影響を及ぼすようになってきた。それは一方では、遠く離れたところで起こった出来事、自分と直接関係のない人々を、身近に感じさせる作用を持っている。他方ではしかし、情報を受けとる個人の特殊性を越えて、あらかじめ選択された情報を万人に同じように与える作用をも持っている。それは既に具象化されたものの中からの選択である。具象以前の世界は初めから問題になっていない。

情報伝達だけではない。人間の頭脳の機能の一部までも機械が受けもってくれるようになってきた。しかし、そういう機械もまた、既に具象化された知識を適当な記号の形に変えた時にだけ質問として受け入れてくれるのである。そしてその機械が与えてくれる答えもまた、具象化された知識に関するものだけである。

人間は具象以前の世界を内蔵している。そしてそこから何か具象化されたものを取り出そうとする。科学も芸術もそういう努力のあらわれである。いわば混沌に目鼻をつけようとする努力である。人生の意義の少なくとも一つは、ここに見出し得るのではなかろうか。

（一九六一年一月）

〔『湯川秀樹著作集』第四巻（岩波書店、一九八九年）〕

創造性の尊重

私が研究者としての生活にはいってから、すでに三十数年になる。そして前途に少なくとも数年間、できれば十数年間の研究生活を予期している。研究者として、そして同時に教育者として、一生の大部分を過ごせるということは、私にとって大きなしあわせである。しかし、それはまた恐るべきことでもある。なぜかといえば、年がら年じゅう何か独創的な仕事をしたいと思っているのに、長年の研究生活の中で、創造性の発現の機会はめったに訪れないからである。

自分だけでなく、もっと若い人たちにも、なんとかして創造性を発揮してほしいと思いつづけているが、その方も、なかなか期待どおりにゆかない。その間に学問は、たえまなく変化してゆく。三、四十年という長い期間の初めと終わりでは、学問の様子は——それが必ずしも大きな進歩や飛躍の結果だとは限らないにしても——まったく違っている。その間に、こちらの年齢は毎年ひとつずつふえてゆく。めったに訪れない機会をあてにしながら、そして何度も期待を裏切られながら、長い年月を生きつづけてゆくのは、恐るべきことである。原子炉を最初につくりだした万能的物理学者フェルミは不幸にして五十何歳かで、その活動的生涯を終わったが、生前「もし長生きしたらどうしようか」という悩みを人に語ったそうである。この気持は相当の年数、研究生活を送った人なら、だれでもわかるであろう。

そういう恐るべき事態の中におかれている人間の一人として、私はずっと以前から「そもそも創造性とは何か」そして「どうすれば創造性の発現の公算が大きくなるか」という問題に、強い関心を持っていた。とくに最近二、三年間は、いろいろな機会に、この問題に関する私の見解を発表してきた。そういう機会が多くなってきたということは、わが国でも、また外国でも、いろいろな方面の人が、この問題の検討の必要性を、より切実に感じるようになってきたことの反映でもあった。創造性とは何か、どうすればそれを発現できるかという問題に的確な解答をあたえることは、もちろん非常にむつかしい。しかし、創造性の正体はまだはっきりわからないにしても、その発現の公算を大きくするための必要条件のなかには、はっきりわかっているものがある。

その第一は、いうまでもなく、私たち日本人の間で創造性を尊重する気風が盛んでなければならないということである。日本は過去において二度までも——一度は中国から、一度は欧米から——自国よりも高度に発達した文化を受け入れることによって、自国の文化を高める必要にせまられた。外来文化の摂取のための努力が、その時点においては、むしろ創造性に対する自信と、その発現のための努力を弱めたかもしれないが、その代わり、それ以後の長期間にわたって見れば、あとになってからの創造性の発現のための素地をつちかったことにもなったであろう。しかしまた外来文化が一度ならず、自国の文化よりも高度のものとしてはいってきたことが、創造性の軽視という好ましくない伝統を定着させる要因となったことも否定できない。

ところで、そのような歴史的、地理的状況の中で、日本人が実際にどの程度まで創造性を発現できたか、ということになると、答えは決して悲観的なものにはならない。少なくとも美術と文芸の両方にわたる芸術活動において、日本人が何度も創造的才能を発揮してきたことは、自他ともに認めるところである。芸術面の実績が輝かしいだけに他の方面が目立って見劣りするのである。どうして、このようなアンバランスを生じたのかについて答える資格があろうなどとは、私はさらさら思っていない。ただ私の気づいた一点だけを次に述べたいと思う。

日本人の美的センスがすぐれており、芸術的才能が豊かであることを、私も誇りと思っている。しかし、違った角度から見ると、芸術とは本来、完成された作品によってのみ評価されるところのものである。いろいろな形の演技、たとえば演劇・演奏・舞踊などの一過性の芸術をも含めるためには、完成品という言葉を非常に広い意味に解釈しなければならないが、とにかく芸術活動においては、創造性は作品を通じて発現する。それ以前の段階における創造性は目だたないし、評価の対象になりにくい。ところが他の文化活動では、必ずしもそうはいえない。とくに科学とか、それにつながる技術とかでは、完成されたもの以前、あるいは以外に現われる創造性が大きな比重を占める場合が多い。

たとえば、ある機能を持った機械が完成される前の段階の試作品に重要な意味があるばかりでなく、試作に着手する動機となった着想や、さらにさかのぼれば、機械がある機能を果たしうることをあらかじめ保証する原理の発見が、また重要である。さまざまな機械の実現を可能ならしめた科学文明全体の中では、むしろ新しい着想・原理の発見・適用の段階における創造性の発現の方が、できあがった物よりも基本的な重要性を持っているのである。

ところが日本では昔から今日にいたるまで、できた物を重視し、新しいアイデアを思いつくとか、新しい原理を発見するとかいう形での人間の創造性の発現を、無視ないし軽視する傾向がずっとつづいてきた。西洋の物質文明に対する東洋の精神文明というような表現が、以前にはしばしば使われた。しかし事実は西洋人の方が精神活動における創造性の発現を貴重なものとして認めてきたがゆえに、科学も発達したのである。

これから先の日本のあり方を考える場合、創造性の問題は広い意味での文化の輸出という問題と大いに関係してくる。商品に関する限り、日本は輸入に見合う輸出をしてきた。そして、そうでなければ日本が立ち行かなかったことは明白である。しからば文化に関してはどうであろうか。商品の場合のように輸出入のバランスははっきりしない。しかし少なくとも幕末開国以後、明治中期ごろまで、日本が一方的に文化を輸入しつづけてきたことは確かである。それ以後は学問でも芸術でも少しずつ輸出がふえてきた。最近、日本の文学の翻訳が盛んになったり、庭園の輸出まで行なわれたりしているのは、よろこばしいことである。商品だけでなく、文化においても輸出入のバランスがとれるようになる日の一日も早いことを念願してやまない。

（一九六五年一月一日）

〔『湯川秀樹著作集』第四巻（岩波書店、一九八九年）〕

少数意見

世の中は、随分速く変ってゆく。私がこの世に生れてきてからの六十数年の間にも、何度も大きな変化があった。しかも、変化のテンポは、あとほど速くなっている。この調子でゆくと、これから先、どう変ってゆくのか、空恐《そら》しいくらいである。数年前から、未来学というのが盛んになって、人類の未来とか、日本の未来とかについて、いろいろな学者が、いろいろな予測をした。その中には、未来に対する懐疑論や悲観論もあったが、単純な楽観論の方が多くの人の耳に入りやすかった。現在までの経済成長率が、今後も大体そのまま維持されるであろう。そうすると、二十一世紀には、日本人が一番金持になるだろう。というような議論を信じる人が多いように見受けられた。ところが、昨年になってから、状況が急速に変りだした。いろいろな変化の中でも、特に著しかったのは、環境汚染や自然破壊が、またたく間に、日本にとって、そしてまた他の先進国にとって、さらに地球上に住む全人類にとって、最も重大かつ深刻な問題の一つであることを、みなが認めざるを得なくなったことであった。それに伴って一、二年前までの単純な楽観論が、いっぺんに影がうすくなり、それに代って、悲観論あるいは、その極端な形としてのさまざまな終末論が、ジャーナリズムを賑わすことになった。

一体、未来はどうなるのか。誰の言っていることが本当なのか。確かに世の中は、急速に変りつつある。しかも、予想外の変化がしばしば起る。それに伴って未来に対する見方は、それ以上に激しく変ろうとしているのである。私たちは一体、どう考えたらよいのか。

中国の古い寓話に、「人間万事、塞翁《さいおう》が馬」というのがある。国境近くに住む塞翁と呼ばれる老人の馬が逃げて、国境を越えてしまった。近所の人が気の毒がった。すると、老人は、「これがかえって幸いになるかも知れん」と言った。数ヵ月したら、逃げた馬が隣の国の良い馬をつれて、ひょっこり戻ってきた。近所の人がみな「お芽出とう」というのに、老人は、「何か悪いことがあるかも知れん」と言う。間もなく息子が馬から落ちて足を傷めてしまった。近所の人たちは、大いに同情したが、老人は、「いや、またいいことがあるかも知れん」と言う。一年ほどしたら、隣国との間に戦争が起った。近所の若い人たちは兵隊として駆り出され、大抵は死んでしまった。息子は足が不自由だったために、戦場に行かずにすんだ。

この話を現代にあてはめてみたら、どうなるか。たとえば、つい近ごろまで、日本の経済の高度成長がずっと続くのを、喜ぶのが当り前であった。しかし、その次に来たのは、公害や自然破壊の重大化であった。米の大豊作が毎年毎年続いたのは、大いに喜ぶべきことのはずであった。しかし、その次に来たのは、古米、古々米の累積であった。それらの間の因果関係――あるいは、著しい相関関係は、今となっては誰の目にも明らかである。しかし、事前にそれを察知していた人がどれだけあったか。対策を用意していた人がどれだけあったか。私はよく知らない。ただ、そういう意見に耳を傾ける人が多くなかったことは確かである。

昔の人の大多数は、同じような生活が、いつまでも続くと、ほとんど無意識的に信じていたろうと思う。実際、変化のテンポの非常に遅い時代に生きていた人たちにとっては、そう思いこむのが当然であったろう。世の中の変化の速い現代に生きる人たちは、もう少し違う考え方に、知らず知らずの間になっている。同じ状態がそのまま続くというよりは、むしろ、状態の変化してゆく方向が同じだろうと思いこみやすくなっているのではないか。たとえば、経済成長がどこまでも続くと思う。それに伴って生活も、ますます便利になり、豊かになり続けると思う。しかし、そういう一方向的傾向が、限りなく続くはずは、本来なかったのである。

人間の営みは、すべて有限にとどまらざるを得ない。月まで行くことはできても、宇宙のはてまで人間が飛んでゆくことはできないのである。月へ行くことはできたが、そこで長い間、暮すことはもっとずっと困難である。それができたとしても、それを実行するのは、非常に少数の人に限定されざるを得ないであろう。だから、今後、長期にわたって人類は、地球を自分たちのほとんど唯一の住家とせざるを得ないであろう。その地球は、今や、いろいろな意味で、人類にとって狭くなりすぎたのである。人口はますます増大しつつあるが、資源はもはや無尽蔵とは言えなくなっている。それどころか、人間による地球的環境の汚染は、急速に進みつつある。日本では、大自然という言葉が好んで使われてきた。広大な宇宙全体を見れば、今日といえども、大自然という表現が不適当とは言えない。しかし、人間の生活に直接かかわりあいのある環境としての自然は、もはや無限大とは見なし得なくなってきた。そういう意味では、もはや大自然とはいえなくなってきたのである。環境無限大論は成り立たなくなってしまったのである。むしろ地球を一つの宇宙船、三十六億の人類を乗せて大空を飛ぶ宇宙船にたとえる方が、適切になってきたのである。三十六億の乗員は、毎日毎日、大量の廃棄物、排泄物で、この宇宙船を汚染しつつあったのである。気がついたら、大変なことになっていたのである。

人類の未来は、そして、特に日本のように人口密度も工業生産力も大きい国の未来は、人間自身のつくりだす莫大な汚染物質の処理という大事業の成功の程度に、大きく依存せざるを得なくなっているのである。

ここまでは、私が改めて言うまでもなく、すでに多くの人によって、繰返し議論されていることである。私は、むしろ「塞翁が馬」の話から、もっと違った教訓をひきだしたいのである。それは塞翁という老人が、常に少数意見の代表者であったという点である。今日では、生産増大よりも公害防止、自然環境保全を重要視すべしという考え方は、もはや少数意見ではなくなった。それはそれでよいが、人間の未来には、恐らく、もっとほかにも、いくつかの大変な問題が待ち構えているに違いないのである。その中には、すでに何人かの人によって、指摘されているものがある。たとえば、医学や生物学の進歩がひきおこすであろうさまざまな問題がある。その一部は、臓器移植などの形で、すでに周知のことになっているが、今後は、もっと深刻な問題が、いろいろと出てくるであろう。今のところは、それらの多くは、少数の人たちの取越の、混迷の速い、変化にもあまりに、しかし、である。のであるいやすいわれと思いなぎに過ぎし苦労に現代に生きる私たちは、その時々の多数意見を鵜呑みにするのではなく、未来に対する真剣な憂慮に根ざす少数者の意見にも、耳を傾けることを怠ってはならないであろう。それは、私たち一人一人が、未来に向って、よりよく生きてゆくためにも、また、日本のよりよき将来のためにも、さらには、人類の存続のためにも、必要なことであろう。

（一九七一年）

〔『自己発見』（講談社文庫、一九七九年）〕

アインシュタイン先生の想い出

アインシュタイン博士が大正十一年改造社の招待で日本へ来られた時に私はまだ中学生だった。大へん偉い学者であるということは私も知っていたが、講演を聞きに行っても解るまいと思って遠慮した。しかしその後、私が理論物理学を志すことになったのも、一つにはアインシュタイン先生の目に見えない影響力によるものであったかも知れない。昭和十四年、私はヨーロッパへ出かけたが、世界戦争が始まったので急いでヨーロッパを立退き、アメリカを経由して日本へ帰ることになった。そのときプリンストンの先生のお宅を訪問して初めて先生にお会いした。当時すでに先生の頭髪は半ば白くなっておられ、もはや功成り名とげて、ゆうゆう自適の生活に入られた学界の長老であるという第一印象をうけた。

しかしちょうどそこへ先生の門下の若い学者の一人が訪ねて来て相対性原理に関す

る討論が始まると、先生は急に生き生きとしてこられ、真理を探求する情熱には少しも衰えのないことを知った。昭和二十三年に私はプリンストンの高等科学研究所に招聘されたので、先生とはたびたびお目にかかる機会ができた。私の部屋は研究所の三階にあり前の広い芝生が一目で見渡せた。朝十一時ごろになると芝生の中の道を向うからゆっくりと歩いてこられる先生の白髪が一目でそれとわかった。先生は質素というか簡素というか、身なりも住居にもゼイタクということには全然関心を持たれなかった。自動車その他文明の利器を利用することさえも好んでおられなかったようである。研究所へ入って来られてもエレベーターには乗らず、コツコツと階段を上ってゆかれるという風だった。先生がプリンストンに落着かれた当時、あるエレベーター会社が二階しかない先生の家にエレベーターをつけようと申込んできた。先生の周囲の人がビックリしてこの申出を断わったという話も聞いている。

エレベーターのいるような豪壮なお宅ではもちろんなかったし、また仮にエレベーターをつけてもそういうものを利用されなかったに違いない。先生とお会いしてよもやま話をしていると、先生の人間としての温かさがひしひしと感ぜられた。自分は東洋人だということをいつも私にはいわれた。そういう言葉の中にはアメリカの機械文明に対する皮肉が幾分か含まれているように私には感ぜられた。かつての日本訪問は先生にたいへんいい印象を与えたらしく、改造社社長山本実彦氏や石原純博士のことをなつかしく想い出しておられた。日本の人口問題についても心配というか同情というか心遣いを示され、私は身にしみて有難いと思った。

先生は元来孤独を愛する人であった。自分の好きな理論物理学の研究に没頭することを最大の喜びとしておられた。多勢の弟子を指導養成することよりも、むしろ自分ひとりで自分の道を開拓してゆくということの方により多くの努力をされたように思う。したがって学問の世界以外に足を踏み込むことは本来先生の極力避けようとしておられたことだった。しかし先生の人間としての温かい同情と、小さい頃からユダヤ人として体験してこられたいろいろの人間世界の非合理性に対する憤懣が、結局先生を単なる学究人として止めておかず、先生をして虐げられた人々の味方であり、また世界平和の使徒であらしめた。先生のヒューマニズムは単なる思想ではなく、先生の生活のすみずみまで浸透していた。自分が世界で最も有名な科学者であるというような自負心はどこにも見出されなかった。どんな人に対しても同じ人間として接せられた。

一昨年私が日本に帰る前、映画を撮られることになった。荷物のこしらえで忙しい最中だったので再三断ったが、とうとう引受けることになった。この映画の中に先生も出て欲しいという監督の切なる要望があったので、私は先生ご自身が承諾されるならば、こちらはもちろん異議はないといった。先生は監督の申し出を快よく承知されたので、先生のお宅の近くの森の中を、先生とプリンストン大学のウイラー教授とインドのバーバー博士と私の四人がいろいろ話をしながら歩いているところを映画に撮った。そのとき監督がもう一度とり直したいといったので、私は老先生をたびたびわずらわしてはいけないと叱った。すると先生は「人は誰でも邪魔されない権利を持っている」と一言いわれた。この言葉を私はいつまでも忘れることができない。これが先生とお会いする最後の機会になろうとは夢にも思っていなかった。先生のような大学者、先生のような偉大な人間は何百年に一人か二人しか現われないだろうと思う。先生を失った損失は取り返しのつかないものである。

（一九五五年四月）

発見の鋭い喜び

岡　潔

■おか・きよし　一九〇一〜七八　数学者
大阪府生まれ。主な作品『春宵十話』『数学する人生』（森田真生編）
初　出　『毎日新聞』一九六二年四月二十日「春宵十話」（六）
初採録　「中学国語　三年」（大阪書籍、一九六六年）
底　本　『岡潔集』第一巻（学習研究社、一九六九年）

よく人から数学をやって何になるのかと聞かれるが、私は春の野に咲くスミレはただスミレらしく咲いているだけでいいと思っている。咲くことがどんなによいことであろうとなかろうと、それはスミレのあずかり知らないことだ。咲いているのといないのとではおのずから違うというだけのことである。私についていえば、ただ数学を学ぶ喜びを食べて生きているというだけである。そしてその喜びは「発見の喜び」にほかならない。

数学上の発見の喜びとはどんなものかを話してみよう。留学から帰り、多変数函数論を専攻することに決めてから間もなく、一九三四年だったが、ベンケ、ツルレン共著の「多変数解析函数論について」がドイツで出版された。これはこの分野での詳細な文献目録で、特に一九二九年ごろからあとの論文は細大もらさずあげてあった。これを丸善から取り寄せて読んだところ、自分の開拓すべき土地の現状が箱庭式にはっきりと展望でき、特に三つの中心的な問題が未解決のまま残されていることがわかったので、これに取り組みたくなった。実はこのときは百五十ページほどの論文がほぼできあがっていたのだが、中心的な問題を扱ったものではないとわかったので、これ以上続ける気がせず、要約だけを発表しておいて翌三五年正月から取り組み始めた。

当時、勤務していた広島文理大には文献がなかったので、目録にあげられている主要論文の要点を見て自分でやれるものはできるだけ自分で解き、直接文献に当たらねばならないものだけ京大へ行って調べた。

こうして二か月で、三つの中心的な問題が、一つの山脈の形できわめて明瞭になったので、三月からこの山脈を登ろうとかかった。しかし、さすがに未解決として残っているだけあって随分むずかしく、最初の登り口がどうしても見つからなかった。毎朝方法を変えて手がかりの有無を調べたが、その日の終わりになっても、その方法で手がかりが得られるかどうかもわからないありさまだった。答がイエスと出るかノーと出るかの見当さえつかず、またきょうも何もわからなかったと気落ちしてやめてしまう。これが三か月続くと、もうどんなむちゃな、どんな荒唐《こうとう》無稽《むけい》な試みも考えられなくなってしまい、それでも無理にやっていると、初めの十分間ほどは気分がひきしまっているが、あとは眠くなってしまうという状態だった。

こんな調子でいるとき、中谷宇吉郎さんから北海道へ来ないかという話があり、ちょうど夏休みになったので招待に応じて、もと北大理学部の応接室だった部屋を借りて研究を続けた。応接室だけに立派なソファーがあり、これにもたれて寝ていることが多くて北大の連中にも評判になり、とうとう数学者吉田洋一氏の令夫人で英文学者の吉田勝江さんに嗜眠《しみん》性脳炎というあだ名をつけられてしまった。

ところが、九月にはいってそろそろ帰らねばと思っていたとき、中谷さんの家で朝食をよばれたあと、隣の応接室にすわって考えるともなく考えているうちに、だんだん考えが一つの方向に向いて内容がはっきりしてきた。二時間半ほどこうしてすわっているうちに、どこをどうやればよいかがすっかりわかった。二時間半といっても呼びさますのに時間がかかっただけで、対象がほうふつとなってからはごくわずかな時間だった。このときはただうれしさでいっぱいで、発見の正しさには全く疑いを持たず、帰りの汽車の中でも数学のことなど何も考えずに、喜びにあふれた心で車窓の外に移りいく風景をながめているばかりだった。

それまでも、またそれ以後も発見の喜びは何度かあったが、こんなに大仕掛なのは初めてだった。私はこの翌年から「多変数解析函数論」という標題で二年に一つぐらいの割合で論文を発表することになるが、第五番目の論文まではこのときに見えたものを元にして書いたものである。

全くわからないという状態が続いたこと、そのあとに眠ってばかりいるような一種の放心状態があったこと、これが発見にとって大切なことだったに違いない。種子を土にまけば、生えるまでに時間が必要であるように、また結晶作用にも一定の条件で放置することが必要であるように、成熟の準備ができてからかなりの間をおかなければ立派に成熟することはできないのだと思う。だからもうやり方がなくなったからといってやめてはいけないので、意識の下層にかくれたものが徐々に成熟して表層にあらわれるのを待たなければならない。そして表層に出てきたときはもう自然に問題は解決している。

歴史的にみて、発見の喜びの最も徹底した形であらわれているのはアルキメデスである。彼が「わかった」と叫んで裸で風呂を飛び出し、走って帰ったのは、決して発見が本当かどうかを調べるためではない。発見の正しさに疑いなどを持つ余地は全然なく、ただうれしさのあまりこおどりしていたのに違いない。近代になってアンリ・ポアンカレーが数学的発見について書いている。すぐれた学者で、エッセイストとしても一流だったが、発見にいたるいきさつなどはこまごまと書いているくせに、かんじんの喜びには触れていない。発見の鋭い喜びはギリシャ時代から近代にいたるまでにかなり弱まったのに違いないが、それにしても少しも書かれてないのはふしぎだと思う。もし本当にポアンカレーが発見の喜びを感じなかったとすれば、すでにポアンカレーの受けたフランスの教育はかなり人工的になっていたとみるほかはない。

数学上の発見には、それがそうであることの証拠のように、必ず鋭い喜びが伴うものである。この喜びがどんなものかと問われれば、チョウを採集しようと思って出かけ、みごとなやつが木にとまっているのを見たときの気持だと答えたい。実はこの〝発見の鋭い喜び〟ということばも、昆虫採集について書かれた寺田寅彦先生の文章から借りたものなのである。

科学的なものの考え方

矢野健太郎

■やの・けんたろう　一九一二〜九三　数学者
東京都生まれ。主な作品『数学の考え方』『暮しの数学』
初　出　NHKラジオでの放送原稿（一九六三年十月）
初採録　「新訂中学国語 三」（教育出版、一九六九年）
底　本　『数学ノート・ブック』（新潮社、一九六六年）

よく、ものごとはすべて、科学的に見、科学的に考えなければいけないということが言われます。それならば、科学的なものの見方、科学的なものの考え方とは、一体どういうことでしょうか。今日《きょう》は一つ、この問題をゆっくり考えてみたいと思います。

ところで、この科学的なものの見方、科学的なものの考え方をもっとも得意とするのは、もちろん科学者たちです。

われわれ人類の歴史がはじまって以来、そしてとくにわれわれの人類の文化の歴史がはじまって以来、科学者たちは、ときには失敗があったとしても、その根本には、いつも科学的なものの見方、科学的なものの考え方をもっていたと思われます。そのためにこそ、歴史に残っているわれわれ人類の文化の歴史がはじまってから、まだ数千年しかたっていないにもかかわらず、われわれの科学はこのように見事な発展をとげ、その科学の成果の応用も続々と発見されて、われわれは今日の科学文明のおかげを十分に楽しんでいるというわけです。

ですから、ほんとうの意味での科学的なものの見方、科学的なものの考え方を知るためには、この科学の発達の歴史をふり返ってみるのが一番近道であるということになりましょう。

今日この科学の歴史を全部ふり返ってみるというわけにはいきませんから、わたくしの専門の数学の歴史を簡単にふり返ってみましょう。

文明は大きな河のほとりに起るといわれますが、世界で一番早く文化の開けたのは、ナイル河のほとりのエジプト、チグリス河とユーフラテス河にはさまれたバビロニア、ガンジス河のほとりのインド、そして黄河のほとりの中国です。このように、大きな河のほとりにまず文化が開けていったのは、人間にとっても、動物にとっても、また植物にとっても水が一番大切なものであったからであるのはもちろんのことです。

さて、エジプトのナイル河は、アフリカの奥地にその源を発して、砂漠をぬって流れているのですが、一年に一度雨期になりますと、おびただしい量の水を押し流して、下流一体に氾濫をしてしまいます。

エジプトの人たちは、このナイル河の氾濫によっていつも手痛い損害を受けました。

しかし、このおびただしい量の水は、水と同時に上流地方の肥えた土も一緒にはこんでくれましたので、この水がひいてしまったあとには、この肥えた土がそこに残り、農業にはまったくもってこいの条件がそろっているのでした。

こうしてナイル河の流域につぎつぎと人が集まり、ここに世界で最も古い文化の一つが栄えることになったわけです。

しかし、このナイル河の氾濫による被害はあまりにも大きかったので、人たちは、このナイル河の氾濫を前もってなるべく正確に知って、その被害を最小限度にくいとめようという努力をはじめました。そしてそのために人たちは、その身の周りを観察し、そこに周期的な現象をさがしました。その周期的な現象のなかで、もっとも正確であったのは、おそらく太陽と月と星の運行であったことでしょう。こうしてエジプトの人たちの目は空に向けられました。そして天文学がかなりの進歩を示しました。現にエジプトの人たちは、一年が三六五日と四分の一であることを知っていたといわれています。

このように、身の周りをよく観察して、そこから一つの規則を見出だしていくというのは、科学的な物の見方の第一歩ということができましょう。

また、エジプトの王様は、このナイル河の氾濫による損害に応じて税金の額をきめなければならなかったので、その税金の計算のためにかなりの程度の算数が発達しています。現に、いま小学校の五年生や六年生を悩ませている分数の計算は、エジプトの人たちがかなりの程度まで知っていました。

さらにまた、このエジプトのナイル河の氾濫は、せっかく人々の引いた土地の区画を、遠慮なく押し流してしまいました。そこで人たちは、この洪水がひいたあとで、もとの区画を正しく引き直す必要にせまられました。こうして、土地を測量することから、いまの幾何学がはじまったと言われています。現に幾何学のことを英語でジェオメトリーといいますが、このジェオは土地のことを、メトリーは測量のことを意味しているのは、この幾何学の起りをよくいい表わしています。

またエジプトの人たちは、その三つの辺の長さが三、四、五の割合である三角形をつくれば、五という長さの辺と向い合っている角は直角になるということを経験的に見出だしていて、このことを利用して地面の上に直角をひいていたと言われます。

このようにエジプトの人たちは、その生活を改善するために、まず過去の経験をいろいろと思い出して、そのうちから、のぞましい結果を与えるようなものを拾い上げて、それを将来の行動に利用するということをはじめています。

前にも申しましたように、このように過去の経験のなかから、有用なものをとり上げて、これを将来の行動に利用しようとするのは、正《まさ》しく科学的な物の見方、考え方の第一歩であるとわたくしは思います。

しかしながら、誠に残念なことに、このエジプトの人たちが苦心して集めた経験と知識は、バラバラのものでありました。つまりエジプトの人たちは、その長い経験によって、役に立つ知識はたくさん集めたのですが、それらの知識はまだバラバラのものであって、統一のとれたものではなかったということができるわけです。

さて、こうして得られた、一つ一つは非常に有用な知識ではあるが、残念ながらまだ統一のとれていない知識の集まりに対して、科学的な考え方をあてはめて、これらを統一して科学という名でよばれるにふさわしいものとし、こうして得られた科学をさらに実用問題に応用していったのは、エジプトと地中海をへだてたギリシアの人たちでした。

ギリシアの人たちといえば、ターレス、ピタゴラス、プラトー、ユークリッド、アルキメデス、アポロニュウスなどの名が思い出されるわけですが、ターレスも、ピタゴラスも、若い頃にエジプトにわたり、前にお話したエジプトの人たちの知識を学んできたといわれています。

しかし、たとえばターレスは、このエジプトのバラバラな知識を学んだだけでなく、一見バラバラなこれらの知識のなかに、統一を見出だそうと努力をしました。

どんなに有用な知識であっても、それらが、互いにバラバラで、お互いに関係のないものであったならば、それらはまだ科学的な知識とはいえません。一見バラバラで互いに関係のないものであっても、よくみればそこに、関係があり、規則があるものです。もしこのような関係や規則を見破ることができ、それらの関係や規則を利用してこれらを整理し、統一することができたならば、これらの知識はますます有用な知識となっていくでしょうし、それからさらに新しいしかも有用な知識を導いていくことができるというものです。

前に申しましたように、いままでの経験のうちから、有用なものを集めてつぎの行動の役に立てるのが科学的な物の見方、考え方の第一歩であるとすれば、これらの知識に関係と規則を見出だして、これらを整理、統一して、これらの知識をさらに有用なものとしようとするのは、科学的な物の見方、考え方の第二歩であるということができましょう。

ギリシアのターレスは、このことを見事に実行した最初の人であるとわたくしは思います。

みなさんは学校の幾何学の時間に、つぎのような定理をならわれたことと思います。

「対頂角は相等しい」

「二等辺三角形の二つの底角は相等しい」

「二つの夾角と、それをはさむ二辺とがそれぞれ等しい二つの三角形は互いに合同である」

また、

「一つの辺と、その両はしの内角とがそれぞれ等しい二つの三角形は互いに合同である」

これらの定理をならわれたときみなさんは、なんだ当り前ではないかという印象をもたれたのではないでしょうか。


事実エジプトの人たちも、これらのことを漠然と、しかもバラバラの知識としては知っていたかも知れません。

しかし、これらの知識を、一つ一つ何故そうなるかという反省を加えながら、今日幾何学とよばれている一つの科学として、理路整然とした、しかも統一のある学問とする努力をはじめてしたのは、ターレスであったわけです。

さて、過去の経験のなかから、有用であると思われるものを集めておいて将来の役に立てようとするのが科学的なものの見方、考え方の第一歩であり、こうして集められたバラバラの知識に対して、十分の反省を加えてそれらを整然とした、しかも統一のあるものにまとめ、その有用性をますます大きくすると同時に、さらにこれを発展させていこうとするのが科学的なものの見方、考え方の第二歩であるとすれば、こうして得られた統一のある知識を、さらにわれわれの生活に巧みに応用していく方法を考えるというのは、科学的なものの見方、考え方の第三歩であるということができましょう。

事実ターレスは、この科学的なものの見方、考え方の第一歩、第二歩、そして第三歩をものの見事にやってみせてくれた最初の人であったということができます。たとえばターレスは、エジプトの人たちが苦心して集めた知識から、

「一つの内角と、それをはさむ二つの辺の長さがそれぞれ等しい三角形は互いに合同である」

という見事な事実を見出だして、それに対して、単に経験的にそうなるというだけでなく、なぜそうなるかという理由までつきとめ、つまりこの定理を証明し、さらにこれを実際問題にあてはめるということまでしております。事実ターレスは、この定理をつかって、途中に山などがあって見通しのきかない二つの点の間の距離を間接的に測ったといわれています。

また、

「二つの辺の長さと、その両はしにある内角とがそれぞれ等しい二つの三角形は互いに合同である」

という見事な定理を証明して、それをつかって、岸から、沖に見える舟までの距離を間接的に測ってしまったともいわれています。

またターレスは、比例というものを十分に研究して、それを利用して、経験的な知識のよせ集めしかもっていなかったエジプト人にはとうてい出来なかった、ピラミッドの高さを測るということをしてしまったのは、有名な話です。

みなさんよくご存じのピタゴラスも、ターレスと同じように、科学的なものの見方と考え方について、わたくしたちに多くの手本を示してくれた人です。

ピタゴラスは、その伝記についてはよくわかっていないのですが、しかし、ピタゴラスは、エジプトへも、バビロニアにも留学したという説があります。

エジプトでは、人々は、ナイル河のほとりのような広い場所で、直線を引くのに、縄を使っていました。ですから、このように縄を使って測量をする測量の専門家を、縄張り師とよんでいました。

さて、前にもお話しましたように、エジプトの人たちは、この広い場所で、互いに直角に交わる直線をひくのに、その三つの辺の長さがそれぞれ三、四、五の割合の三角形を作ればよいというまい方法を、経験的に知っていました。そうすれば、五という長さの辺と向い合っている三角形の内角は直角になるということを知っていたのです。ピタゴラスはおそらく、エジプトへ留学したときに、このことをエジプトの人たちから学んだにちがいありません。

さて、チグリス河とユーフラテス河の間にはさまれたバビロニアの地方にも、世界で一番古い文化の一つが開けていたことは前にもお話しましたが、このバビロニアの人たちも、地面の上へ、その三辺の長さが三、四、五の割合の三角形をかけば、その五という長さの辺と向い合っている三角形の内角は直角になることを知っていました。ところがバビロニアの人たちはさらに、その三辺の長さが五、一二、一三という割合の三角形をかいても、一三という長さの辺と向い合っている三角形の内角は直角になるということを、これも経験的に見出だして知っていました。そしてバビロニアの人たちは、これら二つの方法のどちらかを使って地面の上へ直角を作っていました。ですから、もしピタゴラスがバビロニアにも留学したとすれば、ピタゴラスは、バビロニアの人たちから、このことを教わったにちがいありません。

ところで、その三つの辺の長さが三、四、五の割合の三角形をかけば、五という長さの辺と向い合っている内角は直角である。また、その三つの辺の長さが五、一二、一三の割合の三角形をかけば、一三という長さの辺と向い合っている内角は直角であるということは、エジプトやバビロニアの人たちが、過去の多くの経験のなかからとり出した、非常に貴重な事実です。

このように、過去の経験のなかから、有用なものを抜き出して、それを知識として役立てようとするのが、科学的なものの見方、考え方の第一歩であることはすでに申し上げました。しかしながら、ただこれだけでは、これはどんなに有用であっても、バラバラな知識の一つに過ぎません。このような知識を整理統一して、さらにつぎの有用な知識を得る手掛りとしようと試みることが、科学的なものの見方、考え方の第二歩であるわけです。

事実ピタゴラスは、これらの事実から、三、四、五の場合には、三を二度かけた九と、四を二度かけた一六とを加えたものは、五を二度かけた二五になること、そして、五、一二、一三の場合には、五を二度かけた二五と、一二を二度かけた一四四を加えたものは、一三を二度かけた一六九になることを見出だしました。そしてこれから、三、四、五とか、五、一二、一三とかに限らず、a、b、cという三つの数であって、aを二度かけたものとbを二度かけたものを加えたものが、ちょうどcを二度かけたものに等しかったならば、その三つの辺の長さがａ、ｂ、ｃである三角形をかけば、ｃという長さの辺と向い合っている内角は直角になるのではないかということを想像しました。

こうして生れたのが、みなさんきっともうよくご存じのピタゴラスの定理です。

このように、エジプトやバビロニアの人たちのもっていたいろいろの知識は、すべて非常に有用なものではありましたが、それだけにとどまっていたのでは、これらはいつまでたっても、役には立つが単なるバラバラな知識のよせ集めにすぎません。しかしながら、ピタゴラスが行なったように、それらの知識を整理して、そこからさらに一般的な知識をひき出すことができたならば、そこからいままでの単なるバラバラな知識では思いもよらなかったような見事な応用がひらけてくるものです。ピタゴラスは、わたくしのいう、科学的なものの見方、考え方の第二歩と第三歩の非常によい例をわたくしたちに見せてくれているのです。

ピタゴラスの定理を発見し、そしてその正しい理由を示したピタゴラスは、一つの辺の長さが一であるような正方形を考えました。この正方形で、向い合った一組の頂点を結んでみますと、この正方形は二つの直角三角形に分かれます。その一つの直角三角形に有名なピタゴラスの定理をあてはめますと、向い合った頂点と頂点を結ぶ線分、つまり対角線の長さは、それを二度かけると、二になることがわかります。

こうして、数学の歴史にはじめて、二度かけると二になるという数ができてきたのです。エジプトの人たちは、整数も分数も知っていました。みなさんはそれに加えて、小数もよく知っておられるわけです。しかしながら、整数、分数、小数のなかには、二度かけると二になるという数はないのです。

整数と分数、そして有限小数と循環小数とを合わせて有理数といいますが、この有理数のなかには、二度かけると二になる数はないのです。このような数のことを無理数ということは、みなさんもきっとどこかで習われたことと思います。

このように、エジプトやバビロニアの人たちは、その毎日の経験をためていって、いろいろと貴重な知識を得てはいたでしょうが、この人たちの知っていたのは、整数と分数、つまり有理数だけでした。しかし、それらの知識に十分の反省を加えて、これらを理論的な目で見たピタゴラスは、ついにその有理数の範囲をこえて、無理数の世界へも入っていくことができたのです。

みなさんもうよくご存じのことと思いますが、有理数だけでことがすむのは小学校の算数だけでありまして、少しでも進んだ数学をやろうと思えば、どうしても有理数と無理数とを合わせた、いわゆる実数を考えなければなりません。有理数だけでは現在の数学は成り立たないのです。

ですからピタゴラスは、有理数の世界から無理数の世界までふみこんで、今日の数学の最初の緒口《いとぐち》を開いたといってもいいすぎではないくらいです。

エジプトやバビロニアの人たちの経験をまとめて作り出したこのピタゴラスの定理は、数の方面ばかりではなく、もちろん図形の方面でも大活躍をしています。

ターレスやピタゴラスの研究を、のちになってユークリッドがさらにまとめて、今日ユークリッド幾何学とよばれている立派な学問を作り上げたことはみなさんもよくご存じでしょうが、このユークリッド幾何学の特徴はそこでピタゴラスの定理が成り立っていることだともいえます。

さて、こうして、エジプトやバビロニアにおこって、地中海をへだてたギリシアへわたって育てられていった数学と科学の歴史は、それから今日まで、二千数百年の間つづき、その間に現われた多くの科学的な考え方のおかげで、われわれは今日の文化的な生活を楽しんでいるわけなのですが、今日は数学や科学の歴史の話をするのが主な目的ではありませんから、このお話はこのくらいでやめて、現在学校で数学や科学を学んでおられるみなさん、また、もう学校はでられた方がさらに自分で勉強を続けようと思っておられるみなさんにとっては、科学的に物を見、科学的に物を考えるとはどういうことになるかをご一緒に考えてみましょう。

わたくしたちは、小学校で算数というものをならいます。この算数では、まず数の数え方、数の読み方、そして数の書き方から、これらの数の性質、そしてこれらの数のとり扱い方として、それらを加えたり、引いたり、掛けたり、割ったりする、そのやり方を習います。そしてもちろん、それらの知識を利用して、わたくしたちの身の周りにおこる簡単な問題を処理するための方法を習います。また図形に関しても、いろいろな図形の名前とその性質、そしてそれらの図形をわれわれの日常生活にどう利用するかということも習います。

わたくしたちの生活が今日のように複雑になり、わたくしたちの身の周りにこんなに多くの数字と図形が満ちあふれているというからには、小学校の算数程度の知識は、もう生活上欠くべからざるものであるということができましょう。

しかし、わたくしたちが算数で習った知識というものは、いまふり返ってみますと、それらは、われわれの生活に必要欠くべからざるものではあっても、それらはいわばバラバラの知識です。つまり、いままでお話した例で申し上げますと、エジプトやバビロニアの人たちの経験的な知識に相当しています。

わたくしたちが、小学校をおえて中学校へ入りますと、この算数よりもさらにすすんだ代数学と幾何学をならいます。

わたくし自身は、小学校の算数をおえて、中学校の代数をならい始めたときには、小学校の算数というなんだかきゅうくつでせまい世界から、中学校の代数という、融通のきく広々とした世界へきたという感じのしたのをよくおぼえています。

現に小学校の算数では思いも及ばなかったマイナスの数というものを習いました。数の世界を、プラスの整数と分数に限っていたのではなんだかきゅうくつだったのですが、マイナスの数も考えに入れてよいことにしますと、数の世界というものは、とても広々としたものになります。

また、小学校の算数では、ツル・カメ算のような問題を、いろいろと無理な方法でといていたわけですが、一度代数学というものを習いますと、そんなに無理をしなくても、まことに自然に解けてしまいます。これはなぜでしょう。

それは、まえにも申しましたように、算数の知識というものは、一つ一つは非常に役に立つ知識ではあっても、それらはまだ統一のとれていない知識でありますが、代数学でわれわれのとる態度は、一段高い立場に立って、これらの知識を見渡し、それらに統一を与え、それらを見通しのよいものとしているからです。

このように、代数学で習う一つ一つのことがらは、ほとんどすべて、科学的なものの見方、科学的なものの考え方のとてもよいお手本になっているということができます。

ですから、いま代数学を習っておられるみなさんも、一度代数学を習ってしまわれたみなさんも、代数学をそのような目でみてくだされば、これからの学習も、復習も非常にたのしいものになるだろうとわたくしは思います。

また中学校では、幾何学というものを習います。この場合にも、小学校ではただ眺めまわしていた図形に対して、いつでも、こんな図形にはこんな性質がある、それはなぜだろう、その理由はどうしたらつきとめられるだろう、という態度でのぞむことを教えてくれます。

みなさんもきっとご経験のあることと思いますが、幾何学というのは、はじめのうちは、なんだか判り切ったことに対して理屈をこねているように聞えるものです。しかしながら、少し先へ進んでいくと、この幾何学がわれわれの気のつかなかったような見事な図形の性質をわれわれに教え、なぜそんな性質があるかという理由までわれわれに教えてくれるものです。

このように、ちょっと考えると判り切ったことにみえることでも、それらをよく考察して、それらを基礎の知識として、それらに立脚してつぎの問題を考えていこうとするのは、これも立派な科学的なものの見方、科学的なものの考え方であるとわたくしは思います。

このように、小学校の算数というものは、非常に役には立っても、まだバラバラな知識の集まりであるのに反して、中学校の数学は、これらを整理して見通しのよいものとし、そうして整理された知識の上に、さらに新しい知識をのせていくという、まことに科学的なものの見方、考え方を教えてくれるものであるとわたくしは思います。

中学校でこれらの数学を学んだ人、またさらに高等学校へ進んでその上の数学を学んでおられる人たちのなかには、数学というものは、マイナスの数だとか、方程式だとか、または幾何学の証明だとか、面倒なものがいっぱい現われてくる、と思う方があるかも知れませんが、これらは、実はみなさんに、科学的なものの見方、科学的なものの考え方とはどういうものかという、その見本をごらんに入れるという意味ももっているのです。

今日のお話をまとめてみますと、まずわれわれは、われわれの役に立つ経験をなるべく多く集めておかなければならない。しかしながら、このようにバラバラな知識をバラバラのままにしておいたのでは、あまり値打はない。これらを整理し、見通しのよいものとしておけば、その有用性はさらにましていくであろうし、さらに有用な知識を見出だしていく基礎にもなる。

このようにして、知識の量をますとともに、それらの知識を整理して、さらに新しい知識を見出だすもとにしようとするのは、科学的なものの見方、科学的なものの考え方といえるのではないか、ということになります。

みなさんが、この科学的なものの見方、考え方を、毎日の生活にも生かされるよう、心から祈ります。

広く学ぶ心

福井謙一

■ふくい・けんいち　一九一八〜九八　化学者　ノーベル化学賞受賞
奈良県生まれ。主な作品『化学反応と電子の軌道』『化学と私』

初　出『学問の創造』(佼成出版社、一九八四年)
初採録「国語 三」(光村図書出版、一九八七年)
底　本『学問の創造』(朝日文庫、一九八七年)

歴史学者を夢みる

私は元来、古い遺物や遺品を見るのが好きで、旅先では美術館とともに、寸暇を惜しんでは博物館を覗いてみることにしている。遺跡を訪ねるのも大好きであり、今見てみたいと思っている遺跡を挙げろといわれたら、たちどころに日本および外国の幾つかの遺跡の名を列挙することができる。過去の外国旅行の中でも遺跡めぐりのからんだ旅は、ことのほか思い出深い。昭和三十九年（一九六四）のトルコの旅もその一つである。

この旅は、イスタンブールで開かれる学会に出席するのがそもそもの目的であったが、旅のプランの一つに、詩人ホメロスの叙事詩『イリアス』で知られるトロイア（エーゲ文明の中心地）の遺跡訪問をこっそり加えていた。ところがトルコの友人にその企《くわだて》を打ち明けると、「トロイアはシュリーマン（ドイツの考古学者）やブレーゲン

（アメリカの考古学者）が発掘して荒らしてしまったので、行っても何ら得るところはない」という返事である。そこで私は急遽《きゅうきょ》予定を変更して、その友人がすすめてくれたイズミールの遺跡を訪ねることにした。イズミールはイスタンブールの南西約四百キロの位置にある市である。私は、トルコ航空の国内線の小さな飛行機でイズミールに着いた。問題はエフェススの遺跡までの交通である。私はただ一つの交通の便であるバスに一人で蜿々《えんえん》と乗りついだのだが、道中トルコ語以外に通用しなかったのはさすがに心細かった。しかし、ようやくたどり着いたセルジュクの町でタクシーをチャーターし周辺の遺跡を見て回ると、やはり遠路をやってきた甲斐があったと満ち足りた気分に浸ることができた。

このイズミールという町はレレギという伝説上の種族が紀元前三〇〇〇年から同二〇〇〇年に建設したといわれる。その後、紀元前一七〇〇年から同一二〇〇年にかけてアーリア系の雑種民族ヒッタイトの影響を受け、紀元前一〇〇〇年頃にはギリシアの一種族イオリア人がここに別の都市を建設、さらに、ギリシアの植民都市イオニアに占領されるが、ホメロスがここに住んでいたのはその頃だと伝えられる。イズミールの黄金時代は紀元前六〇〇年に終わり、以後はローマ帝国に支配されることになる。市内や周辺の遺跡にギリシア語とラテン語の両方の文字が混じり合って刻まれていたのは、そのためであった。

このイズミール、エフェススの遺跡のほかに今まで訪ねた遺跡は、イタリア北西部のエトルリアの遺跡、ヒッタイト、ギリシア、ローマ、エジプトの遺跡などである。インカやインドネシアの遺跡にはぜひ足を運んでみたいと思っているが、果たして機会にめぐまれるだろうか。

それはともかく、私のこうしたいわば〝好古趣味〟にどういうふうにつながるのか深く考えたことはないが、私には小学校の頃から歴史、特に大和や大阪の地方史への関心があり、旧制中学に入ると、歴史は国語とともに最も好きな教科となった。好きなだけでなく、私は将来歴史学者として身を立てたいと志していたようである。恥ずかしい話であるが、今は手元にないが、当時愛用していた国語の辞書の表紙の裏に「文学博士福井謙二」と毛筆で大書した一事から推しても、ありし日のその心意気のほどが思い当たる。そんな夢を抱いたのは、中学二年から四年までの担任で私が大変お世話になった先生が歴史と地理の先生だった影響もあるいは手伝っていたかもしれない。

一体、私が生まれた奈良の押熊は、山奥の小村にしては歴史的雰囲気がそこはかとなく感じられるところであった。例えば、生家の裏手のもの寂しい一角に古墳らしきものが今もある。『日本書紀』に登場する忍熊《おしくま》皇子の古墳と伝えられ、古墳の頂上に北面するところには皇子を祀《まつ》る小さな社《やしろ》も残されている。「押熊」の地名もこれにちなんだものだと私たちは聞かされていたが、『日本書紀』によると、仲哀天皇の子である忍熊皇子は異母弟の皇子（後の応神天皇）が嗣《つ》ぐのではないかと推量し、その母である神功皇后に対して兄の麛坂《かごさか》皇子と二人で謀叛を起こし、あげくには近江《おうみ》（滋賀県）の瀬田《せた》で敗死したことになっている。このため郷土史家の間では、押熊の「熊」は「隈《くま》」、すなわち「隅っこ」の謂《い》いで、ここが京北条里の北隅に位置していることからこのような地名がつけられたのであろう、と推考されているようだ。が、私の生家に伝えられてきた古い遺品、輿《こし》入れの時に乗る駕籠とか、古い大太鼓とか、武器武具、書画などを幼時、祖父からたびたび見せられたということなどもあって、押熊とそれを含む大和の歴史には小学生の頃から特別に心惹かれたものである。また、箕島における臨海学舎で、一夜、先生の語る我が家の近くの玉出や津守《つもり》（旧村名）の郷土史話に聞き惚れたことも、中学時代に歴史学者への道を歩もうと心に決めたきっかけの一つであったかもしれない。

私はまた、小学校の頃から『日本児童文庫』とか『小学生全集』とかの全集ものを読むことによって、文学に親しんだ。それらは皆、今年八十九歳になる母が、いつの間にか黙って買い揃えてくれていたものばかりであった。

母が父同様、私たちの勉強に対して指図がましい言葉を一切口にしなかったことは、前にも書いておいた通りである。県立の奈良高等女学校で当時としては割に近代的な教育を受けた母であったが、こと子供の勉強については見事に無干渉主義を貫いた。その代わり子供の勉強に好ましいと考えることは無言のうちに実行するというふうで、その点にかけては水も漏らさぬ周到さがあった。その一つが全集を揃えてやるということであったわけだが、これにしても読書を強制するのでなく、あくまでも子供の自発意志を待つという態度であった。自分の母親の自慢話をするようで気がひけるけれども、子供の教育環境づくりをただ黙々と行なうだけで勉強を決して無理じいしなかった母の心遣いに、私は今でも心からの感謝を覚えないではいられない。

母が揃えてくれた全集の中で後々まで私に最も大きな影響を与えたのは、中学に入って読んだ夏目漱石全集である。外国文学の中にも感動させられた作品が幾つかあるが、こよなく愛読したのは漱石の作品であり、これは今に至るまで変わらない。漱石の作品にはどれにも、持ち前の低徊《ていかい》趣味（漱石が俳人高浜虚子の『鶏頭』の序文で提唱したもので、世俗の労を避けて東洋的な詩的境地にゆとりをもってひたろうとする趣味）が横溢《おういつ》している。それがたまらなく私は好きである。文章もその片言隻句に深い滋味が込められている。私は今でも自分の言葉で言いたいことのニュアンスを表現できないような時、とっさに漱石の作品中に書かれている言葉、例えば『吾輩は猫である』の苦沙弥《くしゃみ》先生の台詞などを口にしてしまうことがあるが、ともかくも、漱石の文章は齢とともに味わい深く感ずるようになった。

運慶の自然さ

ところで、漱石が書いたものの中に『夢十夜』という小品がある。「自分」が夢に見たことを告白するという設定で、独自の文学境を描いた作品である。その『夢十夜』に、運慶が仁王の像を彫っているところを夢の中で見に行ったことが書かれているが、さて眼のあたりに見た運慶は、いとも無造作に仁王像を彫りすすめていくので、「自分」はえらく感心させられる。そのくだりはこうである。

「能《よ》くああ無造作に鑿《のみ》を使って、思う様な眉《ま》や鼻《み》が出来るものだな」と自分はあまり感心したから独言《ひとりごと》の様に言った。するとさっきの若い男が、

「なに、あれは眉や鼻を鑿で作るんじゃない。あの通りの眉や鼻が木の中に埋《うま》って

いるのを、鑿と槌の力で掘り出す迄だ。丸で土の中から石を掘り出す様なものだから決して間違う筈はない」と云った。

自分は此の時始めて彫刻とはそんなものかと思い出した。果してそうなら誰にでも出来る事だと思い出した。それで急に自分も仁王が彫って見たくなったから見物をやめて早速家へ帰った。

道具箱から鑿と金槌を持ち出して、裏へ出てみると、先達《せんだっ》ての暴風《あらし》で倒れた樫《かし》を、薪《たきぎ》にする積りで、木挽《こびき》に挽かせた手頃な奴が、沢山積んであった。

自分は一番大きいのを選んで、勢いよく彫り始めて見たが、不幸にして、仁王は見当らなかった。其の次にも運悪く掘り当る事が出来なかった。三番目のにも仁王は居なかった。自分は積んである薪を片っ端から彫って見たが、どれもこれも仁王を蔵しているのはなかった。遂に明治の木には到底仁王は埋っていないものだと悟った。それで運慶が今日迄生きている理由も略《ほぼ》解った。(夏目漱石全集〔筑摩書房刊〕から引用し、現代仮名遣いに改めた)

中学生の私が、この文章をどのように読み取ったか記憶は定かでないが、漱石の全作品に描かれたどの場面よりも鮮烈な印象を受けたらしく、運慶と仁王の話は長らく脳裏から離れることがなかった。それだけにとどまらない。その後、化学という学問を選びその中で自然との取っ組み合いを経験するうちに、この話がいみじくも学問における創造のあり方を示唆していることに気がついてきたのである。それはこういうわけなのである。

例えば、水という物質が水素と酸素の化合物であり、その分子式がH_2Oで表記されることはよく知られている。けれども、その水素と酸素とが実際どのような姿で結合し合って水という物質を成立させているかということになると、それを自然科学的に百パーセント認識するのは畢竟《ひっきょう》不可能なのである。すなわち、水のあるがままを自然科学的にとらえることが不可能なのである。水の絶対的認識は絶対にあり得ない。ではどうするか。自然科学的認識においては、それゆえ水そのものを直接俎上《そじょう》にのせるのではなく、水の模写（モデル）が、例えば水素と酸素おのおのの原子がこのように化学結合し合い、各原子は一つの原子核を中心として電子がこのような状態で存在しているといったふうに、組み立てられる。液体の水は、このようにして組み立てられた水分子が互いに作用し合いながら構成しているとする。これを模写主義、あるいはモデル主義と呼ぶが、自然科学者は多くの場合、まず、この方法によって自然認識を始めるのである。

さて、自然科学的認識において次の段階で行なわれるのは、こうして組み立てたモデルに対して論理的処理（思考を含む）をほどこすことである。モデルとその論理的処理、これによって現象を解釈するための情報が得られる。そうして、この情報を土台にして理論が創られ、あるいは法則が発見されるわけである。

ところで、自然科学者は自然を認識する方法として実験を行なうが、その実験結果はAという自然科学者が実験しても、Bという自然科学者が実験しても、何ら異なるところがないのはもちろんである。ところが実験結果の解釈という点になると、そうとは言い切れない。AとBとの解釈がまったく異なるのはあり得ることだし、現に自然科学の世界において、それは日常茶飯事なのである。

なぜ学者それぞれに解釈が異なってくるのか。まず組み立てたモデルが人それぞれに違うからである。次に、そのモデルに対してほどこす論理的処理の違いも、解釈の差異につながってくる。そうすると、得られる情報も千差万別で、そこから理論の違いが生まれてくるわけである。

してみると、Aの立てた理論とBの立てた理論と、どちらがより真理に近いか、どちらにより普遍妥当性があるかを決定づけるのは、結局、組み立てたモデルをくらべて、どちらがより本物の自然に近いものを模写したかということと、どちらの論理的処理がより的確であったかということとにかかってくる。なかでも、認識の出発点であるモデルの組み立ては理論の広がりに決定的な影響を与えるので、自然科学者は自分が設定したモデルを凝視し、「自然はこんな簡明な姿をしているであろうか」、あるいは「こんな複雑な姿をしているものか」と、常に点検をくり返さなければならない。これは非常に難しいことである。その難しさは到底筆舌に尽くし難い。まことに自然科学者各人の創造する理論の死活の分かれ目は、この困難をどこまで克服できるかにかかっているといってもいいぐらいである。

そこで運慶と仁王像の話にもどる。

運慶が仁王を彫る手つきはいかにも無造作であり、荒削りであり、無遠慮であったが、そのように見えるのは、最初から木の中に埋まっている仁王を掘り出すかのような自然な、無理のない創造であったからにほかならない。自然科学における創造の理想的な姿も、かくあらねばならない、と私は思う。自然科学者は、モデルの組み立てにおいても、その論理的処理においても、無理があってはいけない。極力不自然さを排さなければならない。さもなければ観測結果に対する解釈は歪み、意味のない情報を針小棒大に受け取り、逆に、重要な情報を黙殺し、あげくにはきわめて不自然な感じを与える、力でねじ伏せたようなぎくしゃくとした理論を構築してしまう結果になりかねないのである。そのような理論には、運慶が彫る仁王のような創造性は竟《つい》に現われないに違いない。

私は漱石の『夢十夜』の中のこの小品を、このように味わうようになった。以来、他の自然科学者が発表した理論に触れるたびに、「これは運慶の仁王のような感じのものか」という点に留意することにしてきた。化学反応に関する私の理論も、当時出されていた理論に接して「運慶の仁王」のような感じを受けていたとしたら、生み出されなかったはずである。このことは後で少し詳しく述べようと思う。

歴史を学び、文学に親しんだことは、自然科学に直接役立ったのではないにしても、漱石のこのような影響を思うにつけ、いろいろな意味で私の学問に対する姿勢に関与していることを、振り返って気づかされるのである。人間、学ぶことに無駄なものは何も含まれていない。学んだことの何が、後になってものをいうかわかったものではない。それゆえ、広く学ぶことが大切になってくるのである。

チョウの飛ぶ道

日高敏隆

■ひだか・としたか　一九三〇～二〇〇九　動物行動学者
東京都生まれ。主な作品『人間はどこまで動物か』『春のかぞえかた』
初　出　『チョウはなぜ飛ぶか』（岩波書店、一九七五年）
初採録　「現代の国語　中学一」（三省堂、一九八一年）
底　本　『日高敏隆選集』１（ランダムハウス講談社、二〇〇七年）

芽ばえた疑問

小学校のころ、ぼくはおもしろいことに気がついた。

その当時、ぼくは東京の渋谷《しぶや》に住んでいたのだが、そのあたりは今とちがって空き地が多く、チョウもそのほかの昆虫もたくさんいた。クヌギの木をまわって歩けば、昼間でも、カブトムシの一匹ぐらいはとることができた。どうしても姿を見ることができなかったチョウといえば、オオムラサキぐらいのものであった。

日中戦争はすでにはじまっており、第二次世界大戦直前の世界は不安にみちていたが、子どもにとっては、何かたいへんなことがおこりつつあることをときどき感じるだけで、チョウやカブトムシのほうが、よほどだいじなものであった。

ぼくの住んでいた家は、今流行のマイ・ホームではなくて借家であったが、小さな庭がついていた。縁側のところにはいつも一本の捕虫網と運動ぐつとがおいてあって、夏休みには、たとえ本を読んでいるときであろうが、食事中であろうが、庭にチョウがやってくると、阿修羅《あしゅら》のように、ぼくはとびだしていって、そのチョウをつかまえるのだった。

庭の大きさはもうよくおぼえていない。とにかく子どもの目にはかなり広く思えた。けれど、中学四年（そのころ中学は五年まであった）の春、空襲でその家が焼け、一面の焼け野原の中で庭がどこからどこまであったかを測ってみたとき、じっさいには、ずいぶんせまかったことに気がついた。

とにかく、その庭は南北にすこし長く、南半分には何本かの木が生えていた。北半分つまり家に近いほうのよく日のあたる部分には、まねごとのように野菜を植えていた。庭にはいろいろなチョウがやってきたが、アゲハチョウやクロアゲハもよく飛んできた。花も何もないので、西どなりの家の庭からすっと入ってきたかと思うと、たちまち東どなりの庭に出ていってしまう。だから、ぼくが阿修羅のようにとびだしていかなければ、アゲハをつかまえることはできなかったのだ。

ふしぎなことに、アゲハチョウはけっして野菜畑の上を横切って飛ぶことがなかった。いつも庭の南半分の、木のあたりを飛んでゆくのである。クロアゲハはその傾向がもっと強かった。そしてそのことは、アゲハチョウやクロアゲハが西どなりの庭から入ってこようが東どなりの庭のほうからあらわれようが、ほとんどかわりなかった。ぼくが気づいたおもしろいことというのは、これであった。チョウの飛ぶ道はきまっているのだろうか？

それからぼくは、外へでてしらべはじめた。虫とりのおかげで、もともとひよわだった体もすっかり丈夫になってきたので、あつい夏の日ざしの中を歩きまわっても平気になっていた。近くの地形や木の生えぐあい、木の種類などを書いた地図に、アゲハチョウやクロアゲハがどこを通って飛ぶかを書きこんでいったのである。

二、三日もすると、思ったとおりであることがわかってきた。アゲハチョウはいつもほとんどきまった道に沿って飛んでいる。たとえば、近くを南北の方向に走る道路の東側には農園があって、そのへりにネズミモチの木が一列に植えられている。夏になると、その木には白い花が咲き、アゲハチョウやアオスジアゲハがやってきて、そのミツを吸う。そして、アゲハチョウはこの道路を南からやってきたものも北からやってきたものも、いつもこの植えこみに沿って飛んでゆくのである。

アゲハが南から飛んできた場合、まもなくこの植えこみは終わってしまう。その先はどうなるだろう？

農園の北側の部分は小さな公園になっていて、ブランコやすべり台や鉄棒がおいてあった。そしてその道路ぎわには、カシの木そのほかよく名前のわからなかった木が植わっていた。アゲハはこの木に沿ってさらに北へ飛ぶ。

公園の北側はすぐ空き地になっていて、そこにはイネ科の雑草が一面に生えており、木としてはものすごく背の高いクヌギがとびとびに離れて何本か生えているだけだった。アゲハは公園の木のはずれまでくると、さっと道路を横断する。そして、道の西側に生えた木に沿って飛んでいって、もうすこし北にある温故女学院《おんこじょがくいん》という小さな学校の裏に生えているクサギのところへゆき、そこでちょうど満開の花からミツを吸う。

このクサギの花のあるところから西のほうは、墓地と住宅地になっていて、やはり木が列をなして生えている。ミツを吸いおわったアゲハは、どうもそちらへ飛んでゆくらしいのだが、道がせまくてしかも切り通しのように低くなっているので、よくたしかめることができなかった。

反対に、その墓地のほうからやってきたアゲハは、今いったコースを逆にたどっていってやがて道をわたり、道の東側の木に沿って飛んで、農園の植えこみの木でミツを吸う。

ぼくの家の庭へくるのには、どこを通るのだろうとしらべてみると、これはどうやら、農園の北の境に東西に生えている木に沿って、東向きに飛んでゆくものらしいと思われた。けれど、その途中には何軒も家があり、こわいイヌがいたり、農園の中へ入ってチョウを追ってゆくと、たいてい管理人につかまってしまうので、これもあまりよくたしかめることはできなかった。

とにかく、アゲハチョウが道のまん中を飛んでゆくことはまずけっしてない。いつも道のへりの植えこみについて飛んでいるようであった。そして、そのルートは、高さに上がり下がりがあるとはいえ、いつもきまっていて、捕虫網を振っておどかしたりしないかぎり、どのアゲハもそのルートにしたがって飛んでいた。どうして、そんなにきちんときまったルートができるのだろう？　ぼくはそれがふしぎだった。

今いったルートは、花と花をむすんでいる。この近くではどことどこに花があるか、アゲハはちゃんと知っているのだろうか？　アゲハはそれを自分の経験でおぼえたのだろうか？　もしそうだったら、サナギからかえったばかりで、まだ花のありかを知らないアゲハは、やたらなところを飛んでもいいはずではないか？　それともアゲハは、仲間から道を教わるのだろうか？　そんなことはあまりありそうもないが……。

そのようなことを考えながら、ぼくは根気よく、毎年毎年、アゲハの飛ぶ道を記録していった。夏の道ばかりでなく、春にでてくる春型のアゲハについてもしらべてみた。すると、おどろいたことに、春の道と夏の道はちがうことがわかったのである。

しかも、春、いちばん早くあらわれたアゲハチョウは、前の年の春のアゲハが飛んだのとまったく同じ道に沿って飛ぶのである。このアゲハがほかのアゲハから道を教わることはありえない。なぜならそのアゲハは今年最初のアゲハであり、前の年のアゲハは去年の秋にはみな死んでしまっている。教えてもらえるはずがない。それなのに、前の年の春のアゲハと同じ道を飛ぶのだから、そこにはなにかわけがあるにちがいない。


ずっとのち、ぼくは、ある新聞記者とのインタビューのとき、このことのあらましを話した。記者はそれをうまくまとめて新聞にのせた。それからしばらくして、ある宗教団体の出版している月刊のパンフレットがぼくのところへ送られてきた。なんだろうと思って開いてみると、その新聞を引用してアゲハチョウのことが書いてあって、「まったくだれにも教わらないのに、アゲハチョウにはちゃんと去年の道がわかる。これこそ科学の力ではわからない神の摂理ではないだろうか」とむすばれていた。

科学によって、すべてがわかるかどうかはたいへんむずかしい問題だが、その議論は今はやめておこう。とにかくぼくは、その当時、春の最初のアゲハが去年の春と同じ道を飛ぶのには、きっとなにか、それなりのわけがあると考えた。もちろん、神の摂理だなどとは考えなかった。むしろ、きっともっとかんたんな理由があるにちがいないと考えたのである。

けれど、じつをいうと、その「わけ」がどんなものか、ぼくにはまったくわからなかった。小学生の知恵ではわかるはずがなかった、といいたいのではない。ものごとはただまじめに考えていればだんだんにわかってくる、というものではないのである。なぜだろう、なぜだろうと、子ども心に毎日毎晩（といってしまってはオーバーかもしれない。ほんとうはときどきというべきだろう）考えていたが、これといって何かをハタと思いつくわけでもなかった。

そのうちに、あるまったく偶然のことが、ぼくにひとつのことを気づかせてくれた。チョウの採集家の間には、「迷《めい》チョウ」ということばがある。もともとはその土地にいないチョウが、台風にのせられたりして迷いこんでくることである。日本ではマダラチョウ科のカバマダラなどがその例である。このチョウはもともと奄美《あまみ》より南に定着し繁殖しているのだが、それがひょっこり本州でとれたりする。あるいは、だれかが山でとってきたチョウの幼虫を飼って親になったチョウがたまたま逃げだしたため、東京で高山チョウがとれたりする。こういうのを迷チョウというのである。迷チョウでなく、迷ゼミの場合もある。ふだん東京にはいなくて湘南《しょうなん》地方から南にいるクマゼミが、毎年一匹ぐらいは東京にあらわれて鳴くことがある。

どういういきさつであったかは知らない。とにかく、ぼくが小学校五年か六年の夏、一匹のモンキアゲハが渋谷にあらわれた。このチョウは神奈川県より西のほうにいるチョウで、ふつう東京にはみかけないチョウである。姿はぜんたいとしてはクロアゲハに似ており、分類学的にもクロアゲハの仲間である。幼虫もクロアゲハの幼虫によく似ているが、クロアゲハのようにカラタチではなくミカンを好んで食べるため、ミカンが育たない地方にはほとんどいないのだ。

そのモンキアゲハが、ひょっこり東京の渋谷に出現したのである。ぼくが興奮したのもむりはない。クロアゲハだと思っていた大きな黒いアゲハに、黄色の紋がチラチラみえる。

「モンキアゲハだ!」と思ったとたん、ぼくの体は硬直してしまった。近くへきて、ここぞ、とばかり網を振ったが、そんなに興奮しているときには、うまくゆくはずはない。網は木の枝にぶつかってしまい、モンキアゲハはフワフワといってしまった。

「ちくしょう、残念!」と思って、まだ興奮さめやらぬぼくの頭を、ふと(あるいは負けおしみか？）、あのモンキアゲハはどの道を飛ぶだろうか？　という考えがかすめた。あのチョウは、ほんとうに偶然にここを通りかかったのだ。けっしてここで生まれたのではない。その証拠に、そのモンキアゲハはここにあらわれたときから、もうだいぶ翅《はね》がこわれていて、アゲハの仲間の一般的な特徴である尾状突起《びじょうとっき》もなかった。きっとどこからか追われ追われて、とうとうこの渋谷へまぎれこんできたにちがいない。生まれてはじめて迷いこんだ土地で、そのチョウはどういう道を飛ぶであろうか？

さいわいなことに、そのモンキアゲハは、それから三日ばかり渋谷のぼくの住んでいるあたりにとどまっていた。そしてその三日間、一日に何度となく、同じ場所に姿をあらわした。その場所とは、さっきいった小さな学校のクサギの花であった。

そのクサギの木への行き帰りに、彼は（なぜならそのモンキアゲハはオスであったから）、もとからそこにいるアゲハと同じ道を通って飛んだ。もっと正確にいえば、ふつうのアゲハチョウのではなく、それとすこしちがうクロアゲハの道を通って飛んだのである。

春はじめてサナギからかえったアゲハチョウが、去年の春のアゲハと同じ道を飛ぶ。生まれてはじめての土地へ迷いこんできたモンキアゲハが、その土地で生まれたクロアゲハと同じ道に沿って飛ぶ。これは、どういうことを意味しているだろうか？

それは、アゲハチョウがどの道を飛ぶかを仲間から教わることも意味していないし、この土地にはどこに花があるかあらかじめ知っていることも意味していない。アゲハチョウたちの飛ぶ道は、何かもっと外からの条件できめられているのではないか？いいかえれば、アゲハたちは何かの理由で、どうしてもその道を飛ばねばならないのではないだろうか？

その「何か」の理由としては、いろいろなことが考えられた。たとえば風だ。あんなに大きな翅をもったチョウの飛ぶ道は、風、つまり空気の流れにすごく左右されるだろう。たしかに高い建物（といっても当時のことだから、せいぜい三階建てか四階建てだ）があると、アゲハチョウはその建物に沿った上昇気流にのったように舞いあがっていって、その建物の屋上をこえてまた下りてくる。また、さっきいった空き地は、まん中へんで一段高くなっている。春のアゲハはこの空き地を横切って飛ぶことがよくあるのだが、段になったところに上がってゆくとき、たいていいちど高く舞いあがる。いかにもそこの上昇気流にのっているようであった。アゲハの飛びかたが風に影響されていることはうたがいもない。

けれど、上昇気流や下降気流は地形によってほぼきまってくるとはいえ、風の方向というのは日によってちがい、しかも短い時間の中でもたえずかわっている。小さなたき火の煙などを見ていると、あっちへ流れたり、こっちへ流れたり、ときどきまっすぐ立ちのぼったりして、ちっとも一定しない。ところが、アゲハの飛ぶ道は、いつもきちんときまっている。たえずかわっているものによって、いつもかわらないものを説明できるだろうか？

ここまできて、ぼくは、けっきょく、わからなくなってしまった。

その間に、ぼくは友だちや本から、アゲハがきまった道を飛ぶことは昔から知られており、その道を「チョウ道《どう》」とよぶのだということを教わった。

新しい観察仲間

そうこうしているうちに、戦争はだんだんエスカレートしていって、とうとう太平洋戦争がはじまった。街はなんとなくガサガサした雰囲気になり、ラジオから流れる軍艦マーチがやけくそ的な気分をあおった。ぼくがチョウ道の観察に使っていた空き地は、ある日家庭菜園にかわり、タケや木の枝でこまかく仕切られたうえ、まわりにも柵《さく》ができて、中に入れなくなってしまった。

いや、叱《しか》られるのを覚悟なら、もちろん中に入ることはできる。しかし、キュウリやインゲンの支柱が子どもの背より高くそびえている中に入ってみても、チョウがどこからどこへ飛んでゆくかなど、わかりっこない。それに、木も切りたおされて平たくなったその空き地には、もうアゲハチョウも、クロアゲハも、ほとんどやってこなくなってしまった。

道ばたの木も、なんに使うのか知らないが、たくさん切られた。燃料にでもされてしまったのだろう。そんなわけで、ぼくのチョウ道観察も壊滅的な打撃をうけた。

それでもぼくは、チョウをとったり、幼虫を探したりすることはやめなかった。そんな日々をすごしているうちに、ぼくは貴重な先生にめぐりあった。

それはたしか秋だったと思う。ぼくは近くの氷川神社《ひかわじんじゃ》の中にたくさん植わっているクスの木を下から見あげながら、アオスジアゲハの幼虫を探していた。アオスジアゲハは黒い地にブルーの帯の入った翅をもつアゲハチョウの一種で、翅はすらりと細長く、とてもかっこいい。けれど飛ぶのが速いし、おまけにほとんど木の梢《こずえ》に沿って飛ぶので、たいへんつかまえにくいのである。

もともとこのチョウの仲間は暖かい地方に多く、日本のアオスジアゲハも幼虫は南方系の植物であるクスの木の葉を食べる。だから、気温が低くてクスの生えない東北地方には、残念ながらこのすてきなチョウはいない。

アオスジアゲハの親は、高いクスの木の枝先を飛びまわりながら、クスの新芽に卵を産みつける。大きな木の根元から生え出た小さなひこばえでもあると、その新芽にも産卵する。卵はアゲハチョウの卵と同じようにまんまるだが、ほとんど白く、ほんのすこし黄色みがかっているだけである。卵からかえった幼虫は、小さいうちは青黒いゴムのかたまりみたいなかっこうだが、大きくなると緑色になる。

ぼくがよく探しにいった神社のクスの木には、ひこばえがちっともなかった。それで、どうしても高いところを探さねばならない。下から葉をすかしてみると、葉の上にいる幼虫の姿がシルエットになって黒くみえる。そうしたら、捕虫網で強く打つなりしてその葉をとればよい。

神社の境内は高台から下の低いところにかけて広がっていた。その途中の石段のわきには何本もクスの木があり、石段の上にさしでた枝はかなり低くて、とりやすかった。そのようなわけで、その日も、ぼくはこの石段のすみのほうに立ち、幼虫はいないかと、いっしょうけんめいクスの木の葉を見あげていた。

すると、うしろから「幼虫ですか？」という声がした。そのころは幼虫の採集なんてほとんどの人が知らなかったから、たまに声をかけられても、「鳥の巣ですか？」

とか、「ハチの巣かい?」とか、「ぼく、なにしてんの?」とかしかいわれなかった。だから、ズバリ「幼虫ですか?」とたずねられて、ぼくはほんとうにびっくりした。振りむくと、三〇歳ぐらいの、眼鏡《めがね》をかけた背の高い人が立っていた。

この人――近くの歯医者さんの宮川澄昭《みやかわすみあき》さん――に、ぼくはたくさんのことを教わった。ちょうどぼくは歯が悪かったので歯を治してもらいながら、毎日といっていいほど宮川さんの家を訪ね、標本を見せてもらったり、採集地や採集のしかたを教えてもらった。高尾山《たかおさん》の裏に、よい採集地のあることを教わったのも宮川さんからである。

こうして、ぼくはもはや観察ができなくなった渋谷から裏高尾へ場所を移した。毎週日曜になると、朝六時から家をでかけ、一時間半ぐらい電車に乗って、浅川《あさかわ》(今の高尾)の駅へつく。それから三〇分ほど歩くと、目的の沢の入口につく。それからは山の中をあっちへいったりこっちへいったり、教わった場所を歩きまわるのである。

「沢のこの曲がりかどのところを、カラスアゲハのチョウ道が通っている。ここの沢の砂地には、よくオナガアゲハが吸水にくる……」などと、宮川さんは教えてくれた。ほんとうにそのとおりのことが多かった。けれど、いくら待っていても、チョウがあらわれない場所もあった。そのような場所のいくつかは、たとえば、水がでたときに沢の流れがかわってしまっていたり、近くの林が伐採されていたり、あるいは逆に、前に宮川さんがきたときよりも木が伸びた結果、暗い日かげになってしまっていたところだった。だが、ちっとも様子がかわっていないのに、チョウ道とは思えない場所もいくつかあった。

その後、ぼくは宮川さんといっしょに、そこへ採集にいった。いつもよりずっと遠くまで歩いて、とうとう沢の頭の尾根へでた。それは五月ごろだったが、尾根の上にはアゲハの仲間のチョウ道が通っていた。沢から風で吹きあげられたチョウが、そのまま尾根づたいに飛んでゆくようにも思えた。

こういう採集をしているうちにも、チョウ道がどうしてできるのかという疑問は、ぼくの頭を離れなかった。ぼくはだんだん、採集よりそういうことのほうに興味が傾いていったようである。

一九四四年になって、戦争はもう破局的なところまできた。ぼくらは工場に動員されて働かされた。しかし、もう何をやっても無駄であること、戦争が長びくほど人が死ぬだけであることは、ぼくらにもよくわかっていた。それでも、まだ高尾にはでかけていった。軍艦も船もどんどん沈められるので、木造船をつくろうというかけごえのもとに、木がどんどん切られて、山はたちまち荒れていった。

一九四五年、いよいよ最後がきた。東京は何回かの空襲で焼きはらわれ、ぼくの家も宮川さんの家もただの焼け跡になってしまった。宮川さんは山梨県の大月《おおつき》へ、ぼくら一家は遠い親戚《しんせき》の石田精三《いしだせいぞう》さん一家をたよって秋田県の大館《おおだて》へ、それぞれ疎開して、音信も不通となった。

大館ではチョウ道の観察をするのによい場所がなかった。関東地方にはいないチョウがたくさんいたし、ファーブルの『昆虫記』にでてくる小さなハチたちが、さかんにおもしろい生活をしていた。ぼくは大館市（当時は大館町）の片すみ、今の栗盛《くりもり》図書館のとなりの家の庭で、それらの虫の観察に熱中していた。

観察への再スタート

ふたたびチョウ道のことにもどったのは、ずいぶんのちのことである。戦争が終わって宮川さんもぼくらも東京へもどったが、なにしろあわただしい時代だった。一〇年以上もたったろうか。新宿《しんじゅく》に近い新しい宮川さんの家で、もういちどチョウ道のことをやろう、と話しあった。そのときには、やはり宮川さんの古くからの知りあいで、当時農業技術研究所というところにつとめていた平野千里《ひらのちさと》さんもいっしょだった。

もういちどやるなら、今度は、ほんとうにチョウ道のできるわけをつきとめよう。

どうやったらよいだろうか？　ぼくらはそれを考えた。

いずれにせよ、どこかよい観察場所をきめねばならない。街の中にはもう昔のような緑はないし、チョウもめっきりすくなくなった。東京都下も開発がすすんで、すこし前までよい観察地だと思っていた場所にも、半年とたたぬうちに家がびっしり建っているようなことが多かった。観察のたびに場所がかわっては、そのたびに地形もかわるわけだから、一般的な結論はだせない。どうしても、むこう五年ぐらいは開発の手が伸びない場所を探さねばならない。

さらに、アゲハチョウのように、たくさんいるチョウもよいが、あまりやたらに数が多いと、チョウにマークをして、同じチョウが同じところを通るかどうかなどをたしかめるとき、たいへんやっかいそうに思われる。もちろん、たくさんの人手をかければできるけれど、その条件もなさそうであった。そこで、チョウとしては、モンキアゲハを選ぶことにした。前にもいったとおり、モンキアゲハはぼくにとって忘れられぬ大切なチョウである。それがまた登場してきたわけである。

さて、モンキアゲハについてしらべるとなると、場所は三浦《みうら》半島か房総《ぼうそう》半島の太平洋側ということになる。さいわいにして、まもなくよい場所がみつかった。宮川さんが歯科医師会の旅行のとき、汽車の窓からずっと外をみていて、モンキアゲハが飛んでいるのを探し、駅から近いところを選んで、汽車から降り、歩きまわってしらべてくれたのである。

それは、房総半島（今の外房線）の太東《たいとう》に近い、東浪見《とらみ》というところであった。東京でこの駅の名をいきなりいっても、駅員はまずわからない。「房総東線」といってもまだわからない。「トラミ」といわれて東浪見という字を思いつかないからだろう。とにかく、そんなに小さい、へんぴな駅であった。

一九六二年の五月二〇日、ぼくらはいよいよそこへでかけた。新宿を六時ごろでる急行に乗り、ひとつ手前の上総一ノ宮《かずさいちのみや》で鈍行に乗りかえて、東浪見の駅につくと、もう一〇時ごろであった。そこから宮川さんの案内で、小さな沢沿いに山の中へ入ってゆく。春の山に朝の日があたって、まばゆいくらいである。

ほんの一〇〇メートルくらいで沢は北向きに曲がり、道は切り通しになる。観察地点はそこまで。わずか一〇〇メートルたらずである。

だが、ぼくらがそこに着いたとたん、早くも一匹のモンキアゲハのオスがあらわれた。そして道にほぼ沿って沢をさかのぼり、山のほうへ消えた。と思うと、すこしちがう方角から、べつのがあらわれて、さっきのチョウの通った道を逆行するように沢を下っていって、山すその田んぼとの境目を北のほうへ曲がって姿を消した。「これはいいぞ！」ぼくらはいっせいに叫んだ。

さあ、急いでマッピングだ。まわりの地形をできるだけ正確に地図に描く。沢の流れぐあい、道の曲がりぐあい、生えている木、がけ、山のせまりかたなどを書いてゆく。器用な平野さんはたちまちのうちに地図をしあげた。

それから三〇分交代で、チョウの飛んだルートをこの地図の上に書きこんでゆく。これは想像するほどやさしいことではない。チョウはヒラヒラと飛んでゆくし、上がったり、下がったりする。平面の地図の上には上下は書けない。曲がった場所も、遠くから見ていると、あまり正確にはわからない。そこで、ほかの二人が沢の上手《かみて》と下手《しもて》に立ち、「そのスギの木のところで曲がった」「沢の向こう岸までいった」とか叫ぶ。

午後三時ごろまでこれをつづけた。

おもしろいことに、昼近く、腹がへってきて、弁当を食べたくなるころになると、チョウもやってこなくなる。だから、わりと落ちついて弁当を食べることができた。

午後になると、チョウの数は減る。そして日が傾いて山のかげが道に落ちはじめるころ、またすこし多くなり、やがて、沢がすっかり日かげに入ってしまうと、チョウはいなくなる。

日ぐれの道ばたに腰をおろし、こうして一日ぶんのチョウの飛んだルートを書きこんだ地図をのぞきこんでみて、三人は三人ともがっくりした。チョウ道なんてどこにもないのである。沢は南西から北東の方向に流れているので、その左岸の山は北西に、右岸の山は南東に向いている。道は沢にほぼ平行してついている。そして、チョウの飛んだルートは、右岸の山すそから道の上、沢の上、左岸の山すそから頂上まで、つまり、この場所のほとんど全面にわたっているのである。ただ、いずれも東西の、つまりほぼ沢と平行の方向に沿っていて、南北に沢を大きく横切るルートがみられないことだけが特徴といえるにすぎない。

いずれにせよ、きまったチョウ道などというものがあるとは考えられなくなってきた。ぼくらは大いに落胆した。なぜなら、今度こそチョウ道がどうしてできるかをつきとめてやろうと意気ごんでやってきたのに、チョウ道の存在そのものがあやしくなってしまったからである。チョウ道というのは幻想だったのだろうか？

いや、そんなはずはない。昔ぼくが渋谷で観察したときも、宮川さんや平野さんをはじめ、採集にいった人たちが観察したときも、チョウはたしかに一定のルートに沿って飛んでいた。ルートは確実にきまっているはずなのだ。三人はしつこく地図をながめつづけた。

　そのうちに気がついた。同じ鉛筆でルートを書きこんでいっても、三人のくせはちがう。線の太さや引きかたがちがうのだ。宮川さんのはいかにも神経質そうだし、平野さんのは正確できちんとしている。ぼくのは少々荒っぽい。記録は三〇分交代でとった。宮川さんの引いたらしい線は、きわめてせまい範囲にかたまっている。その次に記録係になった平野さんのが何本かあるが、それはそれなりにまとまっている。次にぼくの引いた線は、そのわきにほぼかたまって並んでいる。そして、午前のルートはどれも沢の北側、道沿いに通っているのに、午後のは沢の南側にかたまっている。読めた！　チョウ道は時刻と関係があるのだ！

　そのときまで、ぼくらは、チョウ道は地形とだけ関係しているのだと思っていた。この地形ではここ、というように、しっかり固定したものだと思っていた。だから、地図の上にチョウの飛んだルートを書きこんでいけば、沢の上とか、道のわきというような、どこかきまった場所にチョウのルートが集中して、ここにチョウ道があるということがわかるものと思っていた。だが、まったくそうではなかったのだ。

　いずれにせよ、光がひとすじ見えた。この次には時間べつに記録をとろう。「じゃ、ぼくがこの地図をもとに書きなおして、コピーをたくさんつくってきます」平野さんはこう約束した。

次の週の日曜日、ぼくらはまた、前よりもっと勇んで、東浪見の駅に降りた。ほとんど乗り降りする人のないこの駅の駅長さんは、先週と同じ面々がまたやってきたのに、いささか不審そうな顔つきだった。

もうなれた道を歩いて沢へ入ってゆき、地図のコピーに一〇時から一〇時三〇分と時間を書きこんで、記録をはじめた。

ところが、どうもへんなのである。チョウはこの前とはまったくちがう飛びかたをする。この前は、ほぼ東西の方向に沢に沿って飛んでいて、しかも時間帯によってほぼ一定の幅の中を飛んでいたのに、その日はまるでちがうのだ。左岸の山から南へ沢を横切って、右側の山へのぼってゆくものがいるかと思うと、沢を下ってくる途中でくるっと曲がって、左岸の山へあがっていってしまうものもいる、というぐあいだ。モンキアゲハにまじって飛んでくるクロアゲハも、この前とはちがって、まるでむちゃくちゃな飛びかたをする。ぼくらはまた考えこんでしまった。いったい、どうなっちゃったんだろう？

ぼくは空を見あげた。それで、はじめて気がついた。さっきから山の様子がなにかこの前とちがうなと思っていたのだが、じつはその日はいわゆる高曇《たかぐも》りだったのである。天気はもちろん悪くはない。だが、太陽の光は雲に散乱されて、山の上にも沢の上にも一様にあたっていた。この前のときは快晴だった。だから、日光は強くさし、日あたりの木々の葉はまぶしいほど輝き、日かげの木々は黒々としていて、そのコントラストははげしく美しかった。だが二回目の日には、木々の葉には全体にわたってねむたげな日光がさしていて、光とかげのコントラストはほとんどなかった。

これで、もうすべてがわかったように思えた。チョウ道をきめるのは「光」なのだ。チョウは、そのときどきに、明るく輝いているところを縫うようにして飛ぶのにちがいない。快晴の日だったら、太陽の動きにつれて、光のあたる場所が移ってゆく。だから、チョウ道も時間とともにかわってゆくのだ。この前の地図を出して見なおしながら記憶をたどってみると、まさにこの予想と一致することがわかった。

朝ぼくらが到着したとき、太陽の光は道の上と左岸の山すそにあたっていた。沢の下手からこの谷あいに日がさしていたからである。チョウの飛んだルートもこれに沿っていた。太陽が南へまわってゆくと、この場所は右岸の山のかげになるので、日があたらなくなる。そして右岸の山のすこし高いところに日がさすようになる。そうなると、チョウのルートも高いところへ移る。もうすこし太陽が高くなると、日はまた道と沢の上にあたるようになり、チョウ道もまたそこへもどってくる。午後になって、太陽が北西にまわると、それまでずっと日かげだった沢の右岸に日がさすようになり、チョウ道も沢の向こう岸へ移ってしまう。

ああ、これでわかった。裏高尾でぼくが見たチョウ道は、朝六時ごろの電車に乗って、ふつうの足で歩いて、そこへついた時間に、そこに日がさしていたということだったのだ。だから、もっと早く、あるいはもっとおそくに、そこを通ったら、チョウがそこを飛ぶとは限らないのである。

第三回目は快晴だった。チョウは予想したとおり、日のあたったところを選ぶようにして飛んだ。ぼくらは時間べつに記録をとり、このことをたしかめた。うれしかった。

明るいところを飛んできたチョウが、風にあおられたり、あるいは自分の飛行のはずみで、暗いところに入りかけることがある。するとチョウは、びっくりしたように向きをかえ、明るいところへもどるのであった。

だが、そのうちにまたおかしなことに気がついた。チョウは日のあたった明るいところなら、どこでも飛ぶのではない。たとえば、道のま上で、木の枝がなく、ただの空間になっているような場所はほとんど飛ばないのだ。むしろ彼らは、その空間のへり、つまり木の枝がさしだしている場所を、木の葉にまつわるようにして飛ぶことが多い。

このことは、ずっとあとの研究で、もっとはっきり知ることができた。けれど、この東浪見での観察でも、チョウが明るく日のあたっている木の葉の近くを飛ぶことだけはわかった。

だが、どれくらい明るければよいのだろう？　ぼくらは写真に使う露出計を、あちこちの梢の先の木の葉にあてて、そこの明るさを測ってみた。空の明るさが入っては意味がない（空はやたらと明るいから）ので、梢の先の葉の面に直角になるように露出計を向け、三〇センチの距離で測定した。チョウがたいてい木の葉からそれくらいの距離だけ離れて飛ぶからである。

使った計器がほんものの照度計でなく、露出計であったので、得られた値は照度の単位のルックスではなく、シャッター・スピードと絞りをきめるときに使われるライト・バリュー（LV）であった。これで示された明るさは、いちばん明るいところでLV一六から一四、すこしかげでLV一三から一二、日かげでLV九ぐらいだった。チョウはLV一四以上の場所をむすぶように飛んだ。

そういうことをしらべてゆくうちに、ぼくらはチョウの飛ぶルートを予言できるようになった。あらかじめあちこちのLVを測っておき、チョウがあらわれると、「次はあそこへいく」「今度はそこ」というように予言してゆくのである。チョウはほとんど予言どおりに飛んでいった。

ぼくらは大喜びであった。これほど正確に予言できるということは、チョウ道のしくみが完全にわかったということである。小学校のころから二〇年以上にもわたって頭にひっかかっていた問題は、これで解決したのだ!

編集付記

本書は中学校の国語教科書（一九四六年度〜二〇一六年度）に掲載された作品のなかから、科学随筆を独自に選んで編集したものである。

一、作品の収録にあたり、原則として著者の作品集を底本とした。かな遣いは新かな遣いに統一した。底本中、明らかな誤植と考えられる箇所は訂正し、ルビは底本に拠りつつ適宜付した。一部、教科書の表記に改めた箇所がある。

一、収録作品の初採録、底本については各作品の扉裏に明記した。

一、本文中、今日の人権意識に照らして不適切な語句や表現が見られるが、発表当時の時代背景と作品の文化的価値に鑑みて、底本のままとした。

本書は中公文庫オリジナルです。

中公文庫

教科書名短篇《きょうかしょめいたんぺん》
──科学随筆集《かがくずいひつしゅう》

2021年9月25日　初版発行

編　者　中央公論新社《ちゅうおうこうろんしんしゃ》

発行者　松田陽三

発行所　中央公論新社
〒100-8152　東京都千代田区大手町1-7-1
電話　販売 03-5299-1730　編集 03-5299-1890
URL http://www.chuko.co.jp/

DTP　嵐下英治
印　刷　三晃印刷
製　本　小泉製本

Published by CHUOKORON-SHINSHA, INC.
Printed in Japan　ISBN978-4-12-207112-4 C1195

各書目の下段の数字はＩＳＢＮコードです。978－4－12が省略してあります。

中公文庫既刊より

し-6-52
日本語と日本人〈対談集〉
司馬遼太郎
井上ひさし、大野晋、徳川宗賢、多田道太郎、赤尾兜子、松原正毅氏との絶妙の語り合いで、〈実にややこしい言葉〉日本語と日本文化の大きな秘密に迫る。
202794-7

お-10-5
日本語はどこからきたのか ことばと文明のつながりを考える
大野　晋
日本とは何かを問い続ける著者は日本語とタミル語との系統的関係を見出し、日本語と日本文明の発展の歴史を平易に解き明かす。〈解説〉丸谷才一
203537-9

お-10-6
日本語はいかにして成立したか
大野　晋
日本語はどこから来たのか？　神話から日本文化の重層的成立を明らかにし、文化の進展に伴う日本語の展開と漢字の輸入から仮名遣の確立までを説く。
204007-6

お-10-8
日本語で一番大事なもの
大野　晋
丸谷才一
国語学者と小説家の双璧が文学史上の名作を俎上に載せ、それぞれの専門から徹底的に語り尽くす知的興奮に満ちた対談集。〈解説〉大岡信／金田一秀穂
206334-1

と-12-3
日本語の論理
外山滋比古
非論理的といわれている日本語の構造を、多くの素材を駆使して例証し、欧米の言語と比較しながら、日本人と日本人のものの考え方、文化像に説き及ぶ。
201469-5

キ-3-11
日本語の美
ドナルド・キーン
愛してやまない〝第二の祖国〟日本。その特質を内と外から独自の視点で捉え、卓抜な日本語とユーモアで綴る味わい深い日本文化論。〈解説〉大岡　信
203572-0

し-52-1
日本語びいき
清水由美文
ヨシタケシンスケ絵
知っているはずの言い回しも、日本語教師の視点で見るとこんなにおもしろい！　ヨシタケシンスケさんの、クスッと笑える絵とともに、日本語を再発見する旅へ。
206624-3

各書目の下段の数字はＩＳＢＮコードです。978－4－12が省略してあります。

ち-8-1
教科書名短篇 人間の情景
中央公論新社 編
司馬遼太郎、山本周五郎から遠藤周作、吉村昭まで。人間の生き様を描いた歴史・時代小説を中心に中学教科書から厳選。感涙の12篇。文庫オリジナル。
206246-7

ち-8-2
教科書名短篇 少年時代
中央公論新社 編
ヘッセ、永井龍男から山川方夫、三浦哲郎まで。少年期の苦く切ない記憶、淡い恋情を描いた佳篇を中学教科書から精選。珠玉の12篇。文庫オリジナル。
206247-4

ち-8-9
教科書名短篇 家族の時間
中央公論新社 編
幸田文、向田邦子から庄野潤三、井上ひさしまで。かけがえのない人と時を描いた感動の16篇。中学教科書から精選する好評シリーズ第三弾。文庫オリジナル。
207060-8

て-8-1
地震雑感／津浪と人間 寺田寅彦随筆選集
寺田寅彦
千葉俊二
細川光洋 編
寺田寅彦の地震と津浪に関連する文章を集めた。地震国難の地にあって真の国防を訴える警告の書。小宮豊隆宛震災絵はがき十葉の図版入。〈解説・註解〉千葉俊二・細川光洋
205511-7

て-8-3
漱石先生
寺田寅彦
自他共に認める別格の弟子が文豪の素顔を親愛の情を籠めて綴る。高等学校での出会いから周辺に集う人々まで。文庫オリジナル。〈巻末エッセイ〉中谷宇吉郎
206908-4

も-32-1
数学受験術指南 一生を通じて役に立つ勉強法
森 毅
人間は誰だって、「分からない」に直面している。「分からない」とどう付き合って、これをどう味方にするか。受験数学を超えて人生を指南する一書。
205689-3

や-73-1
暮しの数学
矢野健太郎
絵や音楽にひそむ幾何や算数など、暮しのなかに出てくる十二の数学のおはなし。おもしろく読めて役に立つ、論理的思考のレッスン。〈解説〉森田真生
206877-3

さ-48-1
プチ哲学
佐藤雅彦
ちょっとだけ深く考えてみる——それがプチ哲学。書き下ろし「プチ哲学的日々」を加えた決定版。考えることは楽しいと思える、題名も形も小さな小さな一冊。
204344-2